現代臨床政治学
シリーズ
4

# ネブラスカ州における
# 一院制議会

藤本一美

東信堂

現代臨床政治学シリーズ全20巻

## 刊　行　の　辞

昨今、日本の内外をめぐる政治状況は混迷を極めている。国内的には、若年層の投票率低下に代表されるような政治的無関心が蔓延し、一方国際的には、米国の強硬な世界政策に基づく緊張をはじめとした、一触即発の切迫感が充満している。この著しい落差を抱きつつ、現在日本の政治は大きな岐路にさしかかっているといえよう。こうした危機的な状況下、たとえば、混迷に処するための政治的リーダーシップの研究、国民の要望により切実に繋がるメディアや世論調査の在り方、民意をより適切に反映する選挙及び選挙法の研究、また現下の国際状況を踏まえた、憲法改正論議を含む安全保障についての議論等、われわれ政治研究者に課せられた課題は多い。

このような現状認識の下、われわれは、今日の政治学が従来の理論研究を主体とする研究スタンスのみでは不十分と考え、「臨床政治学」を提唱するに至った。臨床政治学は、ともすれば理念にとらわれて現実の政治の実態を見失う恐れのあるアカデミズムと、逆に、ともすれば現実に密着するあまりに政治に対する規範的な視点を欠落させがちなジャーナリズムとの双方の研究スタンスの弱点を補完しつつ、研究対象を客観的に分析・診断するとともに、現実政治の病患のより有効な剔出・治癒をめざす試みである。それはまた同時に、一方では大衆性と現場主義というジャーナリズムの特性と、他方、理念の実現のためあえて世論に抗して孤立も辞さないアカデミズムの特性との双方の接点を探りつつ、その融合を試みることによって、そこで得られた研究成果の社会還元をめざすスタンスである。以上のような趣旨に基づき、先にわれわれは、現代臨床政治学叢書(全3巻)を公刊するとともに、2003年3月には「臨床政治学会」を発足させ、また同年7月には日本臨床政治研究所の設立に漕ぎ着けた。

さらに今回、われわれは、今後のさらなる発展を期し、(株)東信堂のご協力を得て『現代臨床政治学シリーズ(全20巻)』を刊行することとした。各巻の内容は、各々の執筆者の人と業績と理論に裏づけられた研究成果であり、専門家のみならず、学生や一般市民にも十分理解できるよう、簡潔な文体と興味ある内容を備えている。ここに関係各位のさらなるご協力を求めるとともに、本シリーズの各巻が多くの人に活用され、今後の政治学研究の発展に寄与することを望むものである。

2004年3月

編集委員　岡野 加穂留
大六野 耕作　伊藤 重行　藤本 一美

# 序文

米国は現在、五〇の州から構成されている広大な「連邦国家」である。本書は、このような広大な国家の中でも、米国の中心ともいえる〝中西部〟に位置するネブラスカ州を対象にしている。よく政治学の分野では、「地域(政治)は政治の母」であるという言葉を耳にする。本書もまた、ネブラスカ州という米国の一地域の議会制度に焦点をあてている。

ところで、ネブラスカ州といえば、我々は牛肉およびとうもろこしの生産地として知っており、事実今日でも同州は、圧倒的に農業を中心とする州である。比較的大きな都市といえば、州の経済の中心地であるオマハ市(四一万人)と首都であるリンカーン市(二二万五、〇〇〇人)くらいで、その他は乾燥した平原の中に小さな町が散在しているだけである。

米国史を学んだ者にとって、ネブラスカ州といえば、南北戦争直前のカンザス・ネブラスカ法の成立や、一九世紀の後半に銀の貨幣製造を主張したウイリアム・J・ブライアン、そして二〇世紀初期の革新主義的リベラリストであるジョージ・W・ノリスを輩出した州として知られている。また、最近ではフットボール選手であったG・フォード大統領の故郷であり、牛肉の対日輸出問題で活躍した農務長官M・ジョハンズが州知事を務めた州として我々の記憶に残っている。

米国は「連邦国家」であるので、議会制度として、州を代表する連邦上院と州の人口を代表する連邦下院の二院制議会を設けていることはよく理解できる。だが、日本の県に相当する(?)各州までもが連邦レベルと同様に上院と下院の二院制議会を採用している理由を説明するのは、なかなか難しい。しかし、実際には、大多数の州議会、すなわち四九の州が(建国以来の政治的伝統を尊重してかどうかは知らないが)、上院と下院から成る二院制議会を設けているのである。

このような状況の中にあって、ネブラスカ州のみはきわめてユニークな一院制議会を採用している。ネブラスカ州もかつては、上院および下院から成る二院制議会を設けていた。しかし、大恐慌の時期の一九三四年に、経済的効率などを考慮して州憲法を修正し、一九三七年から一院制議会へと転換したのである。ネブラスカ州は、一院制議会を採用してすでに七〇年以上の経験と実績を有し、しかも、議員は「非党派」選挙で選ばれて運営されるなど、独特な議会制度を維持しているのである。

本書の目的は、ネブラスカ州における一院制議会の成立、組織および運用状況を分析することである。論述は、まず第一章では、米国の州レベルにおける二院制と一院制の理論的問題点を検討し、その上でネブラスカ州の一院制議会の導入経緯を紹介する。第二章では、現在のネブラスカ州議会の実際の議事手続きと法律の制定過程などを論じる。第三章では、一院制議会を推進し、その理論的根拠を与えたジョージ・W・ノリスの思想と行動に焦点をあてる。そして第四章では、近年のネブラスカ州の政治動向と二〇〇六年中間選挙の結果に言及する。

筆者は、専修大学より平成一八年の四月から一九年の三月までの一年間、ネブラスカ大学リンカーン校に在外研究員として赴任する機会を与えられた。そこでこの機会を利用して、以前から関心のあったネブラスカ州の一院制議会を現地で直接目にして研究し、関係者の意見も参考にして、これを紹介することにした。その成果については、読者の判断を仰ぐことにしたい。本書の内容について、多くの方々の率直な意見と批判をたまわれば幸いであると考える。

# 目　次

# ネブラスカ州における一院制議会

藤本一美著

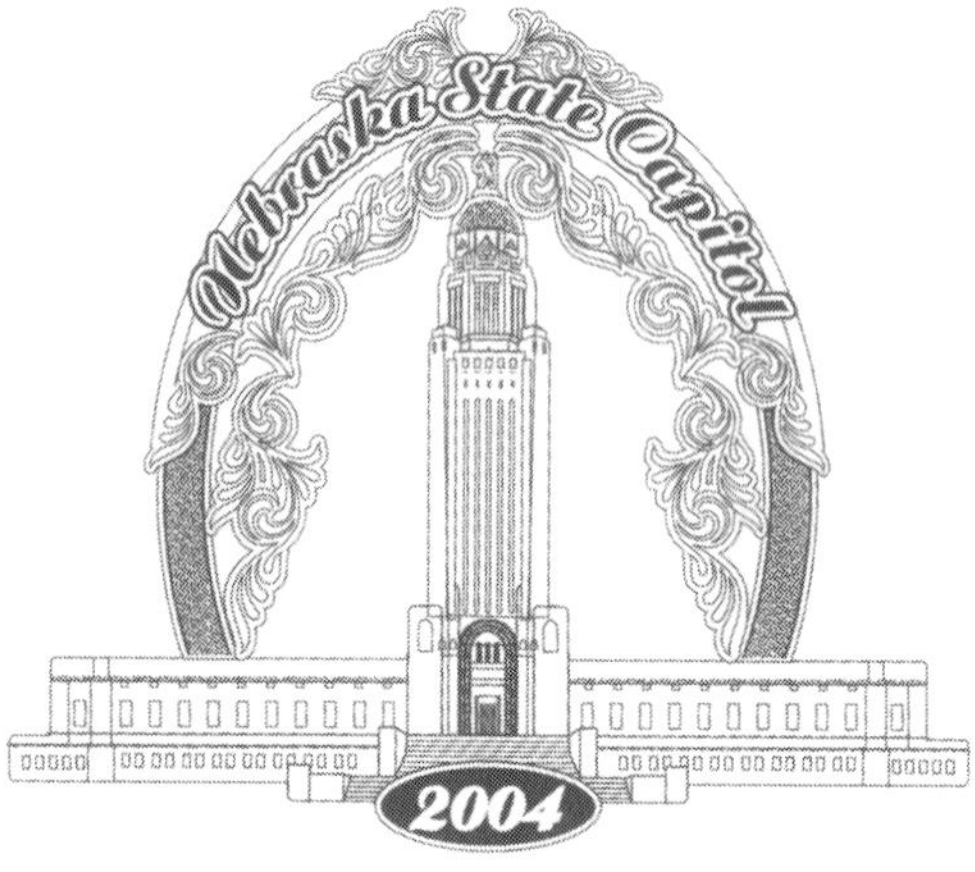


ネブラスカ州議事堂図

# 第一章　米国州議会の一院制

## ——ネブラスカ州の試み

### 1　はじめに

アメリカ合衆国（以下、単に米国と略す）において、現在連邦に加盟している州は五〇を数える。その中で、四九の州が二院制議会を採用しており、一院制議会を採用しているのはネブラスカ州のみである。かつては、ジョージア州、ペンシルバニア州およびヴァーモント州が一院制議会を設けていた。だが、その他のすべての州は、植民地時代から伝統的に二院制の議会を設けていたこと、また連邦議会が二院制を採用したこともあって、二院制方式を採用してきた。

ヴァーモント州議会は他の二つの州よりも長い期間にわたって一院制方式を採用していた。しかし、一八三六年にこれを廃止して二院制へと転換している。他方、ペンシルバニア州とジョージア州議会は各々、一七八九年および一七九〇年に早々と二院制へと切り替えている。

これらの州とは逆に、二〇世紀に入って二院制から一院制州議会へと転換するのに成功したのは、ネブラスカ州のみである。ネブラスカ州では、同州選出の連邦上院議員ジョージ・W・ノリス(George. W. Norris)が先頭に立って一院制州議会採用のために精力的な運動を展開し、住民に二院制議会の有する非能率性と無駄を訴え、そして一九三四年一一月に、およそ二年後の一九三七年一月から一院制議会へと切り換える、州憲法改正案を有権者たちにのませたのである。

ネブラスカ州と同様に、二院制から一院制への転換を試みた州も若干あった。だが、他の州ではその試みはすべて失敗に終わっている。また、その後連邦に加盟したアラスカ州とハワイ州はいずれも、州憲法に二院制議会を規定している。最近の例では、一九六二年にミシガン州において州憲法の改正が検討された時に、一院制への移行の可能性が注目された。しかし、州の憲法制定議会では、結局過去の伝統に従い、二院制議会を存続させることが決まったのである。

ネブラスカ州の一院制議会は、すでに七〇年以上の実績を有し、住民の間に完全に定着している。ネブラスカ州の一院制議会を研究したほとんどすべての学者たちは一院制の利点を訴えており、二院制州議会に対しては否定的見解を寄せている。しかし、このような学問的評価にもかかわらず、他の州の一般的米国人たちは、一院制議会の有する利点をあまり認めていないようである。

本章では、米国の州議会における一院制の問題を取り扱う。論述はまず前半では、州議会の発展を踏まえて、二院制と一院制の理論的側面を検討する。そして後半では、ネブラスカ州における一院制議会への転換―実験をケース・スタディとして、一院制議会の評価を試みることにしたい(1)。

## 2　州議会の二院制と一院制

### (1)　州議会の発展

**植民地時代の二院制州議会**―植民地時代最初の「議会」(General Court)は、植民特許状の規定に基づいた貿易会社の組織をまねており、制度的には一院制の形態を採用していた(2)。だが、実際には植民地の開拓者によって選出された議会＝代議院(House of Burgess)の中には、法律案を審議し、租税を課し、他の重要な案件を処理する権限を有し、総督(＝知事)を補佐する機関として別に参議会と称する機関が置かれていたのである。

しかし、まもなく代議院の中で参議会の地位と権限をめぐって利害と意見の相違が生じ、総督・参議会と代議院との対立が強まってきた。その結果、一七世紀の半ばまでには、植民地議会の中には、代議院の制定した法律に対して拒否権を有効に行使するために、また参議会のメンバーが代議院への出席を拒否されたこともあったので、参議会を格上げして参議院を別個に設けることになったのである。

こうして、一八世紀の初頭までには、ペンシルバニア州とヴァーモント州を除いて、植民地のすべての州は代議院と参議院から成る二院制の議会を設置していた。参議院はいわゆる上院として、英国国王、支配階級および大資産家階級を代表し、重要な行政的および司法的権限を行使するようになり、一方、代議院は住民を代表する下院として、両者はともに立法的機能を担うようになったのである。

下院はその後、英国の代弁者である知事および上院と対立を次第に強めるようになる。しかし、下院の方が上院に比べて財政および立法の先議をめぐってより大きな権限を獲得するようになった。こうして、州議会は英国議会をモデルとして種々の議事手続きの上の制度を導入し、その組織と権限は英国との長期にわたる「独立戦争」の後には、一層明確となり、特に下院の権限は著しく拡大する傾向がみられた(3)。

## 1　建国＝独立革命期の二院制州議会

植民地に広く拡大した二院制議会は、ジョージア州、ペンシルバニア州およびヴァーモント州憲法を除いて、独立革命時代の州憲法のすべてに規定されていた(4)。

独立革命期に入ると、これまで使用されてきた参議院の名称は上院へと改称され、その行政的および司法的権限の大部分は取り除かれた。だがその一方で、上院のこのような権限を存続させようとする要求は根強く、資産家の利益を代弁しそれを保護するために、以前にもまして上院の必要性が主張されるようになった。

その上、各州では上院はいわゆる民主勢力を代表する下院で生じると想定された性急で軽率な法律案に適切な助言を与え、かつ民主勢力を抑制するためにも必要であると考えられていた。例えば、一院制の州議会に立法権が集中することの是非については、ジョン・アダムズ(John Adams)によって明快に述べられている。アダムズは単一の議会の下では、人々の野心が大きくなりすぎて今後それのみですべての事項を専制的に決定するようになり、立法権の乱用に陥るであろうと、危惧を抱いたのである(5)。

このような理由のために、また古くからある州議会や一七八九年に連邦政府発足に伴って設立された二院制の連邦議会を模範とする傾向もあって、その後連邦に加盟した新しい州は、すべて二院制州議会を採用したのである。

このように各州がこぞって上院を設けた最大の理由は、何よりも人口を基にして選出された下院が財産権を侵害する急進的な部門になるであろう、という危機感を資産家階級が抱いたからである。そのために、資産家階級の利害を代弁する上院は、立候補者と有権者双方に大きな財産資格制限を設け、それによって下院とは異なった方法で選出されるようになった(6)。このような方法をとることで、人口に基づいて選出された下院の行き過ぎを抑制できるであろう、と考えたのである。

## 2　建国期の一院制州議会

ジョージア、ペンシルバニアおよびヴァーモントの三つの州では、その長短はあれ、かなりの期間州議会が一院制で運用されてきたので、その経験は注目してよい。ただ三つの州議会はともに、第二院に機能がよく似た、「監察評議会」(Council of Censor)を設けていた。

監察評議会の役割は主として、州議会に対して行政上の改革の勧告を行うために州憲法および州政府の運用を調査することにあり、もし必要であれば州憲法制定会議の開催を要求する。なお、監察評議会は他にも課税の公正、公金支出の適正および法律の実施状況などについても監査する権限を与えられていた。

ジョージア州では、一七七七年の州憲法で一院制の議会を定めていた。しかし連邦議会が二院制を採用したことを受けて、一七九〇年に一院制方式を廃棄して二院制議会へと転換した。またペンシルバニア州もその前年の一七八九年に、一院制議会への不満や、監察評議会が威信をもちえず、本来の機能を発揮することができなかったこともあって、州憲法を改正して二院制議会へと転換している。

州の中で一院制議会を最も長く経験したのは、ヴァーモント州である。ヴァーモント州では、一七七七年から一八三六年までの五九年間にわたって一院制州議会を堅持した。しかし、一八三五年、知事選挙が行われた際に州議会の運営が行きづまり(知事候補者はいずれも過半数を獲得できなかった)、そのために監察評議会が二院制議会の採用を勧告し、それはわずかの差で承認されたのである(7)。

## 3　州議会の民主化

一九世紀に入るや、成年男子選挙権が各州へと拡まり、また州議会の両院において議員および選挙民の財産資格制限が撤廃され、従来のように財産を保護するために上院を置く基本的な理由はなくなった。だが、いわゆる「ジャクソニアン・デモクラシー」の時代には、多くの州で上院議員の数を少なくしたり、また上院議員の任期を二年から四年へと長くするなどの改正がみられた。こうして上院は下院とともに、住民を平等に代表する同質的な機関となったのである。

南北戦争の終了後から一九世紀の後半にかけての米国は、都市の発展が著しくなり、農村地域から都市地域へと人口が集中するようになった。その結果、農村地域の選挙区有権者が都市地域の選挙区に比べて、過剰に代表を送る事態が生じるようになった。しかし、このような代表の不均衡な事態も、下院に比べると、上院の方に有能な議員が選出されたり、上院議員の有する社会的威信や、またある州では上院議員自身が保守的な勢力の利益を代弁したこともあって、上院が一種の緩衝地帯の役目を果たし、州議会では代表の不均衡はさして大きな問題とはならなかった。

しかしながら、建国の父祖たちが想定したように、上院が必ずしもより保守的な役割を担っていたとは一概にはいえない。例えば多くの場合、上院は下院から送付されてきた進歩的な法律案を廃棄へと追いこむといったことはなく、むしろ下院の方においてそうした事態がよくみられた。

確かに下院は、一般的に民主的に運用されてはいた。しかし、議員の数が多く、そのため州議会の保守的なボスによって容易に支配され、また選挙区が上院に比べて狭いこともあって、地域の利害を最優先する傾向がみられた。

## 4　二〇世紀の一院制議会

一九一〇年から二〇年代にかけて、一院制州議会に関して広範な議論が展開され、その採用をめぐって多くの提案がなされた。この中で最も注目に値するのは、一九二一年に全米地方自治体連盟(8)が刊行した『模範州憲法』(Model State Constitution)の中の一院制州議会に関する提案である。『模範州憲法』は、州憲法の内容および構成に関する基準を提案し、憲法改正を検討している州にそのモデルを与えるために作成されたものであり、その特色の一つとして、一院制州議会を明記している点が注目された。

一院制の設置を求める憲法改正案はいくつかの州で何度か提案されてきた。しかし、それが有権者の信任に付された場合には、ことごとく破棄されてきた(9)。それでも、一九三四年にネブラスカ州で一院制への移行を求める憲法改正案が成立した後に一時期、一院制設置の動きが生じた。だが、最近ではその動きも鈍っている。

その一方で、ネブラスカ州における一院制州議会の試みが多くの州の議員や議会関係者たちの関心の的となったのも確かである。事実、第2節において詳述するように、ネブラスカ州の一院制州議会は概して成功を収めたといえよう。

## (2)　二院制州議会論

### 1　一院制から二院制への転換

独立革命期において各州の憲法制定会議では、議会を二院制にするかあるいは一院制にするかは、最も激しい論議を呼んだ問題の一つであった。しかし、住民を代表する州議会をとくに二院制にする必要はないという意見が地域によっては根強く、一院制州議会を設ける州もあった。だが、すでに見てきたように、独立革命期に一院制議会を州憲法に定めていたのは、ジョージア州、ペンシルバニア州およびヴァーモント州のみであって、残りの多くの州憲法では二院制議会を定めていた。

次にペンシルバニア州を例にとって、一院制議会採用とその後の経緯を簡単に辿ってみよう。一七七六年に制定されたペンシルバニア州憲法は、政治形態としては一院制の州議会、権限が二元化された行政府を採用し、選挙権も納税者全員に認めるなど、諸州の憲法の中でも最も急進的な州憲法であるといわれた。

ペンシルバニア州では、一七〇一年以来参議院は立法的機能をほとんど果たしていなかったので、事実上は一院制の議会であった。一七七六年州憲法で新たに定められた一院制議会は、強力な権限を付与され、行政部に対して優位に立っていた。議員の任期は一年、議事の公開、議事録の週毎の公刊といった規制的措置も設けられ、この他に法律案は緊急の場合を除いて次の会期まで制定することができず、この間に法律案の内容を公にして住民の検討を仰ぐことになっていた(10)。

しかし、英国との間の独立戦争の膠着状態、また急進的州憲法に対する保守派の批判、さらには州議会の行き詰まりなどもあって、一七七六年憲法への批判は、主として政府構造の均衡の欠陥に、とりわけ一院制議会に向けられた。例えば、ベンジャミン・ラッシュ(Benjamin Rush)は、一院制に反対して第二院による牽制の必要性を強調し、ペンシルバニア州は身分社会ではないものの、社会における地位には元来上下の差があり、前者を上院にそして後者を下院に代表させるべきである、と主張した。

すなわち、ラッシュは抑制・均衡の基礎となる混合政体を、社会層の分化により、つまり富者と貧者とを上院と下院で代替えさせることによって実現できると考え、むしろ貧者の権利を保全するためにも上院を富者の代表機関とし、富者の影響力を上院に封じこめる方が貧者にとってかえって得策であると説いたのである(11)。

要するに、保守派の指導者たちは一院制議会による横暴の恐怖を訴え、現行憲法下では州議会の横暴を防止する装置が不十分であり、上・下両院が相互に牽制・抑制し合うことによって住民の自由と利益とがより完全に養護されるとし、新しい州憲法に二院制議会を規定することを求めたのである(12)。

## 2　建国の父祖たちの二院制議会論

二院制度は一般に、英国のような貴族が存在する身分制社会においては必要である。封建時代の経験がない近代社会として発足した米国では一院制の方が望ましいという意見はかなり支持を得ていた。しかしながら、独立革命期において急進派の住民勢力が州議会で多数を占めて権力を握るようになるにつれ、建国の指導者達は、二院制度を強力に推進するようになる。次に、主要な建国の父祖たちの二院制議会擁護論を紹介しておこう。

**①ジェームス・マディソン(James Madison)**……「国家の各部門に、まったく同等な権力を与えるということは実際には不可能である。共和制の下においては、住民の代表機関であり法律を制定する立法府の機能は他の機関に分割することが必要である。

そして、異なった選挙方法や異なった運営原理によって、この両院をその立法機関としての共通の機関やともに社会に依存しているという性質の許す限り、できるだけ相互に関係しないようにしておく必要がある。

しかし、それだけでは不十分であるので、行政府に議会に対する拒否権を与えて牽制する必要がある。だが、拒否権も乱用される危険性がある。そこで、この絶対的な拒否権に内在する欠点を権限の比較的弱い部門である行政府と、強い部門、つまり立法府の弱い方の院、すなわち上院との間に、一定の関係を付与することによって補うことができないであろうか」(『ザ・フェデラリスト』一七七八年)。

**②ジェームス・ウィルソン(James Wilson)**……「一院制議会においては、善悪は別として、議事を進行させること以上に必要なことは、何事もなされない。これに対して、二つの院から構成される議会の下では、すべての法律案は他の院の討論から影響を受けず、また一方の偏見によって見解をくもらされていない別の院に付さなければならない。……

こうして議会は法律案を制定するのに一層周到になり、制定された法律には安定性が増すことになるであろう。十分に検討された良識に基づいて制定された法律は、施行される場合においても有益にかつ健全に運用されるようになり、そのために法律制定後も直ちに廃止されるということはなくなるであろう。

確かに二院制議会は、一院制議会の場合に比べて英知に一層富んでいるとはいえない。しかし、二院制の下での審議は、成立した法律に必ずやかなりの緻密さを与えることになるであろう」(『ペンシルバニア州憲法批准会議事録』一七七五年)。

## （3）二院制と一院制の利点

第二次大戦後の一九五三年に、米国政治学会の州議会に関する委員会の報告書が提出され、それは翌五四年に刊行された。同報告書は大学の政治学の専門家と議会の実務家より構成された委員会が、州議会について四年間にわたる研究の成果をまとめたものである。

以下に紹介するのは、同委員会の代表者であるベル・ゼラー（Belle Zeller）が編集した『米国州議会―米国州議会に関する委員会報告書：米国政治学会』の第四章「一院制か二院制か」の中の、二院制州議会および一院制議会の利点を展開しているくだりである。そこでは、二院制議会は批判的に検討され、一院制議会の擁護論が展開されている。

### 1　二院制州議会の利点

①二院制州議会は性急でかつ軽率な立法を阻止する。二院制州議会を支持する立場は、最高裁判所判事J・ストーリー（J. Story）の著作『合衆国憲法注解書（Commentaries on the Constitution of the United States, Little Brown, 1833）』の中で、次のように明確に述べられている。

「立法権を、相互に拒否権を持つ異なった部門へと分割することの効用は、健全な考えを有する多数の人々により認められている。……政治学の全分野において、これ以上重要な定義はみあたらない。この定義は、実践政治の運用に大きな影響を与えた。……
二院制議会は、不当で、性急でしかも圧倒的な立法に対する大きな抑制となる。議会というものは、個人と同様に時々強い激情と興奮に支配されるし、またせっかちで激動的に行動する。法律案は急いで提出され、十分に討議もされず、また入念な審議も行われない。……もし議会が一院制以外の意思に拘束されないとするなら、議会はそれ自体で十分に議論を尽くしたと強く主張することも、また社会の関係者のすべてと十分に検討しあったとはいえまい」[13]。

最高裁判所判事ストーリーの見解は、当時（一九世紀初頭）の州議会に対する根深い不信を示し、二院制議会に肯定的見解を寄せている。しかし、長期にわたる州議会のその後の経緯は、次のことを示している。

すなわち、二院制度は性急で無分別な立法を阻止することができず、それどころか多くの州議会においては、慎重な審議が不可能な場合には、会期の最終日に大量の法律案を成立させている。会期の制限も一因となっているものの、二院制州議会の複雑な構造と議事手続きが、このような事態を引き起こす重要な要因となっている。第二院が、他の院を通過した法律案に対して、自主的にかつ詳細に検討を加えるという広く受け入れられた見解は、多くの事例において否定されているのである[14]。

②第二院は、一般大衆の激情と衝動に対する抑制となる。二院制州議会を支持する他の議論は、前述したジョン・アダムズによって指摘されている。彼は次のように述べている。

「単一の議会は個人の悪徳、愚行および弱点のすべてをさらけだす。つまり一院制は、一時的な気紛れ、激情、熱狂、えこひいき、または偏見の影響を受けやすく、その結果、性急な結論と不合理な判断を生みだす」(15)。

右の見解は民主主義の行き過ぎに対して大きな懸念が存在し、州議会では現在機能しているような委員会制度はまだ知られておらず、また知事の拒否権が一般に用いられていなかった時代に、述べられたものである。

建国当時においては、住民が選出した州議会は無責任で、資産家階級の権利を踏みにじる恐れが大きかった。しかしながら、今世紀に入ってからその後の経験は、州議会が一般に実行不可能な方策をとるというより、重要な争点については慎重な行動をとる傾向にあり、また州議会は概して、住民の激情や衝動にはあまり左右されない代表者から構成されていることを示している。

③単一の議会は、他の部門の権限を侵害し、住民の権利を踏みにじる危険がある。単一の議会が他の部門の権限を侵害するであろうという議論は、州政府の中で州議会が事実上最強の部門となり、他の部門にまさっていた時代のものである。しかしながら、今日では、州政府の三部門の権限は対等であって、州政府の制定する法律は広範囲にわたる州憲法の制約、司法審査権、知事の拒否権および住民投票に服している。

以上で述べた点に加えて、この議論の主たる対象が、政府権力の侵害に対する住民の保護の方に力点が置かれており、〝最小の政府が最良である〟という学説が一般に流布されていた時代のものである。現在では都市化と産業化が進み、社会の緊急課題を効率的に処理できる政府を確立する方へと議論の重点が移っており、もはや一八世紀の自由放任主義的な考え方は受け入れられない。

④二院制州議会は、特定の利益を有する圧力団体による州議会の買収や支配に対する防壁となる。不徳な人間は、彼らの望む法律を制定するために、州議会の一院を買収することはできるかもしれない。しかし、二つの院を同時に買収することはできないだろうと、いわれてきた。

もっともネブラスカ州で一院制議会を提唱した、ノリス連邦上院議員が展開した主張は、一院制州議会の方がロビイストによる圧力を弱め、州議会の買収を少なくするというものであった。

すなわち、彼は圧力団体の多くが一般に法律案の成立を促進するというより、むしろそれを廃案へと追い込む方を望んでいる場合が多く、したがって二院制議会の方が、法律案を阻止する機会をロビイストに多く与える結果になると、述べている。

⑤二院制州議会は、二つの院で異なった代表基盤に立っている。例えば、一方の院は人口数に厳密に基づいて選出されるのに対して、他方の院は各地域を単位として選出される。

多くの州では、農村地域と小さな町が州議会の一方の院に過剰に代表を送っている。こうした事態は多くの場合、腐敗した政治マシーンが力を誇り、急進的で不安定な住民を抱える都市地域の支配から、州を防護するという立場を擁護する結果となっている。

また、州議会の下院または上院で広まっている「過剰代表選挙区」(rotten borough)も一院制を検討する際の最大の障害となっている。しかし実際には、州の既存の派閥や集団は、こうした事態を取り除こうとするいかなる改革にも反対し、自らの代表基盤を維持して利益を守ろうとしているのである。

⑥二院制議会は、四九の州と連邦政府が採用しており、米国政府発足以来、伝統的な米国の議会形態そのものである。そもそも一院制議会は、米国の政治制度とは相容れず、外国に起源を有し実際には試みられたことのない一種の実験であって、実社会にうとい理論家たちが提唱したものであるといわれてきた。もっとも、四九州と連邦政府が二院制議会を採用しているといっても、それだけで二院制が一院制に比べてより優れているという証拠にはならない。

米国の二院制議会のモデルとなった英国の議会は、下院にすべての権限が集中しており、上院は実質的な権限を持っていない。確かに米国連邦議会は、二院制度を採用している。それは大きな州と小さな州との間の妥協の産物であって、州議会でそれを採用する理由とはなりえない。

## 2　一院制州議会の利点

①一院制州議会の議員は二院制州議会の議員よりも、職務についてより大きな名声、威厳および職務上の機会を有し、それ故、よりすぐれた代表的な住民を議員として確保できる。

②一院制州議会は二院制州議会よりも効率的であり、二院制州議会に比べて選定された法律案に対して徹底的な審議を行うことができる。

③二つの院の間で、警戒心、摩擦および対立が生じ、それが多くの場合必要な法律案の成立を阻止する。一院制州議会ではこれらの欠点は排除される。
④二院制州議会の下でよりも、一院制州議会やまた個々の議員の方が、責任の所在をはるかに明確にすることができる。
⑤一院制州議会は、一ヵ所に指導力を集中することによって、州議会内部で必要とされる指導力を確保することができる。
⑥一院制州議会の下での方が、知事および行政府と州議会の間で密接でかつ一層効率的な関係を樹立できる。
⑦一院制州議会の下では、必要な法律案の成立を阻止する特殊利益集団や圧力団体の力を弱めることができ、それと同時に市民集団も廃案となった法律案に対して州議会に公然とその責任を訴えることができるようになる。
⑧一院制州議会では、もはや二院制州議会の下で多く開かれている両院協議会の必要性がなくなる。
⑨一院制州議会は、議会の審議や争点に関するマスコミの報道を容易にし、立法過程の情報をすみやかに住民に知らせることができる。その結果、州議会に対する住民の信頼性が高まる。
⑩一院制州議会は、実質的に安上がりである。州議会の経費も、議員の定数や議会職員が削減されるので、その分減少する(16)。

以上、二院制および一院制州議会の有する利点を列挙してきた。二院制州議会の利点は客観的・理論的であるというより、むしろ歴史的所産であるといえなくもない。米国政治学会の州議会に関する委員会報告書は、右の点を踏まえて次のような要約と勧告を行っている。

**要　約**

一院制州議会は二院制州議会に比べて多くの利点を持っている。例えば、どのような企業や組織であっても、その規模や仕組みの複雑さと関係なく、二つの議決機関を設けることは考えられない。二院制度は、立法上の決定や指導に対して障害となるだけであって、これを勧めることはできない。また二院制度は法律案を処理する場合最も重要な要請、つまり、明確な責任の所在をぼかしてしまう恐れがある。

二院制州議会から一院制州議会へと転換しても、それは必ずしも急進的な変化ではない。また、二院制の方が、一院制よりも効率的で無分別な法律案の成立を阻止しうるという証拠は、どこにもないのである。

**勧　告**―①　二院制州議会を採用している州は、現実の運用実態の点から、二院制を支持する伝統的な論拠と主張を詳細に再検討すべきである。

二院制に関する初期の弁明は、今日ではすでに時代遅れのものとなっており、また想定された利点の多くも実際には証明できていない。二院制州議会の利点とされる抑制の手段は錯覚にすぎず、むしろ知事の拒否権、司法審査制および世論の方が抑制の手段としてより効果的である。また二院制を採っている連邦議会を支持する理由の多くを、州議会に適用することは合理的でない。

**勧　告―②**　一院制度は、ネブラスカ州で成功したことが証明され、同州では立法過程が改善され一院制州議会へと移行した場合に予想された欠点は、いずれも大きなものとならなかった。

**勧　告―③**　一院制度は、立法上のすべての欠陥を取り除く万能薬ではない。しかし、一院制州議会の実態は、州議会の変化に対応する論理的枠組みを提唱することであろう。また一院制度は、州政府の「取締役会」として州議会の効率化を進め責任の所在を明確に示すであろう(17)。

## 3　ネブラスカ州の試み

### (1)　一院制州議会の主張

前節では、米国における州議会の発展を踏まえて、二院制と一院制の理論的側面を論じてきた。そこで本節では、ネブラスカ州で採用された一院制州議会転換への主張、州憲法改正運動および一院制の実績と評価を論じることにする。

ところで、米国を構成している五〇の州は各々、面積、人口および経済発展という点ではかなり多様であって、政治風土という点でも独自の特色を有している。以下で取り上げるネブラスカ州も、他の州では見られない二つの特色を持っている。一つはいうまでもなく、一院制の超党派的(Non-Partisan)州議会を採用していることであり、他の一つは州内の電力の事業が公営化されている点である(18)。これらはいずれも、一九三〇年代に大不況が米国全土を襲った時に、それを乗り越えるための改革手段の一環として実施されたものである(19)。

本論に先立って、ネブラスカ州の概観を述べておこう。ネブラスカ州は一八六七年三月、第三七番目として連邦に加盟した。同州は北米の大陸のほぼ中央に位置し、その面積は二〇万一七平方キロメートル(全米一五位)で、人口は二〇〇四年現在、一七四万七、二一四人(全米三五位)である。州の人口の七〇%は、東南部の三分の一の地域の穀物生産地域に、すなわち、主として州都のあるリンカーン市(二二万五千人)と州の最大の都市であるオマハ市(四一万人)周辺に住んでいる。一方、北西部地域はほとんど草原地帯で人口密度も低い。

〝ネブラスカ〟という名前は、州の中央部を東西に流れるプラット川を指す、オマハ・インディアンの言葉に由来し、それは「浅い川」という意味である。州のニックネームがコーンハスカー・ステート(Cornhusker State)、つまり、とうもろこしの皮をむく人の州と称されているように、ネブラスカ州は農業生産高では全米第三位を占めている(20)。

こうした農業的伝統の上に発展してきたネブラスカ州は、一般に共和党が政治を支配する保守的な州であると見なされてきた。しかし同州では時々、革新的な「ポピュリスト」を輩出して他の州の話題を呼んできた。

この中で最も有名なのは、一八九〇年代に西部農民の立場を代弁し、銀の無制限鋳造を提唱して時のマッキンレーと大統領選挙を戦ったウイリアム・J・ブライアン(William J. Bryan)であり、ネブラスカ住民は一八九一年—九五年に彼を連邦下院へと送り込んでいる。また後述するように、ネブラスカの住民は共和党系の偉大な革新主義者として知られるジョージ・W・ノリス(George W. Norris)を一九〇三年から一九四三年の四〇年間にわたって連邦下院および上院へと送り込んだ。また、最近の例では、一九八二年に過去四〇年にわたる共和党知事を退けて、ベトナム戦争に反対した若い民主党の知事ロバート・ケリー(Robert Kerrey)を当選させて、ポピュリズムの伝統を示している。

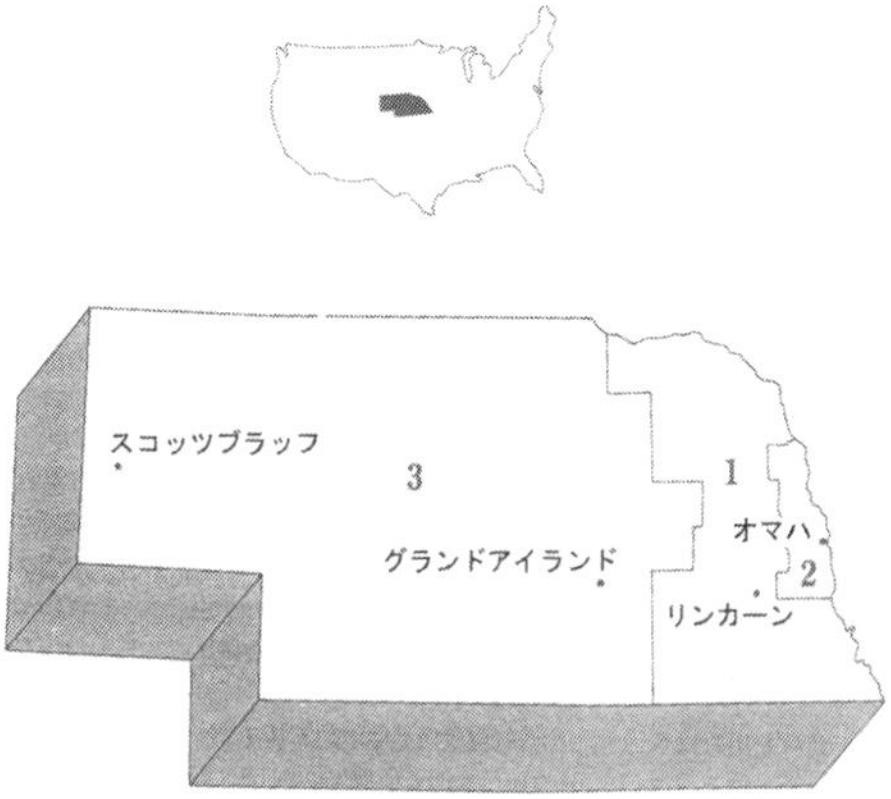


**図１　ネブラスカ州の位置と連邦下院選挙区**

出典：『米国政治情報ファイル・上下両院議員郡録』1983年版(日本経済新聞社　1983)、707頁

この点について『ザ・ブック・オブ・アメリカ』の著者であるピアスとハグストロームは、ネブラスカ州では住

民が慣習的な政治家に幻滅を感じた時に、ポピュリズムの嵐が吹きまくってきたと述べ、ネブラスカ州の特質を「周期的ポピュリスト」(Periodically Populist)と表現している[21]。

先に述べたように、一院制州議会に対するネブラスカ住民の関心は、今世紀初頭の一九一〇年代にまで遡ることができる。すでに一九一三年、ネブラスカ州議会の両院協議会は、次のような報告を提出している。

「二院制度は成功しなかったし、また実際に、二院の間でのいわゆる牽制・抑制も行きづまっており、住民の代表者が認識すべきである真の責任性はまったく感じられない。従って、一方の院は廃止すべきである」[22]と。

この問題は続いて、一九一九年―二〇年に召集された州憲法制定会議(the Constitutional Convention)に再び持ち出された。しかし、二院制方式を変更する憲法改正案は賛否同数へとこぎつけたものの、最終的に葬りさられてしまった。

一九二〇年以降この運動を受け継ぎ、二院制州議会の廃止を強力に主張し、一院制州議会移行への論陣を張ったのが前述したノリス上院議員であり、彼は一九二三年一月二三日付の『ニューヨーク・タイムズ』紙に「州議会のモデル」と題する論文を投稿し、そこで一院制議会論を展開した。なお、同論文は連邦議員の注目を集めるところとなり、同二月五日付の『連邦上院議事録』にも収録された。

ここで、ノリス上院議員について若干ふれておこう。ジョージ・W・ノリスは、一八六一年オハイオ州に生まれた。バルドウィン・ウォーレス単科大学卒業後、ロー・スクールの課程を経てネブラスカ州で弁護士を開業。その後共和党に参画し、一九〇三年—一三年の一〇年間はネブラスカ州の連邦下院議員、また一九一三年—四三年の三〇年間は同州選出の連邦上院議員として連邦議会で活動した。そして、一九四六年、八五歳で没した(23)。

ノリスはすでに下院議員時代、当時独裁的な権力をふるっていた下院議長のジョー・キャノン(Joe Cannon)に挑み、下院の民主化を推進させて名をはせていた。また、上院議員時代にはテネシー川流域開発公社(TVA)の生みの親としてその設立に尽力し、連邦憲法第二〇条のいわゆるレームダック修正案を起草し、さらに第一次大戦への米国の参戦に反対するなどで、共和党所属議員の中でも自己の信念に従って行動する革新主義的ポピュリストとして知られていた(24)。

『ニューヨーク・タイムズ』紙に掲載された論文には、次のような長文の副題が付けられていた。

〝各州にとって一院制議会は、向上的成果を生みだすであろう。ネブラスカ選出の上院議員は、二院制度を廃止して得られる利点を提示し—二院制度による長期的遅滞と腐敗した勢力が一掃される—と、主張する〟。

「州議会のモデル」と題するノリスの論文は、①州議会は一院で構成すべきだ、②州議会の議員定数は少なくすべきだ、③州議員の歳費は増額すべきだ、④提案された計画は経済的にも安上がりとなる、⑤党派性は排除されるべきだ、⑥立法手続き上の悪弊を除くべきだ、という六つの小見出しから構成されている。以下において、これを順次紹介する。

## 1　州議会は一院で構成すべきだ

各州の一〇〇年以上に及ぶ経験は、二院制州議会が少なくともいくつかの州に関する限り、その成果という点では不十分であることを立証している。まず、州議会が果たすべき基本的な任務の一つは、提出された法律案の成立あるいは廃案について、責任の所在を住民に正しく示すことである。

二院制を採用している州議会の多くでは、実際には法律案の最終的な仕上げは両院協議会で行われる場合が少なくない。二院制州議会の下では、上院と下院が法律案の内容をめぐって対立し、そのために法律案は両院協議会に持ち込まれ、そこで法律案の行方が左右される場合が多いため、それはきわめて重要な機関となっている。

これまでの経験によれば、両院協議会という密室の中では、法律案の全体的効果を弱めかねない修正がほどこされ、そのため本来の立法趣旨とはかなり異なる内容の妥協案ができあがってくる。そこでは、法律案の成立を促進するために種々の妥協が行われる。しかし、その経緯は秘密会のためまったく不明である。両院協議会で決定された内容に関する賛否は記録をとることもなく、また一般の議員はそこでの審議から排除されている。両院協議会から出てくる内容は、最終的な修正案のみである。従って、その経過について、一般住民は、正当な判断を下すことができないのである。

これに対して、一院制州議会の下では、以上で述べた困難のすべてが除去され、議員は提出された法律案への投票に際して、賛否の態度をもはや隠すことができなくなる。こうして、投票記録が有権者の意に満たない場合には、選挙の時にこの議員をしりぞけ、一方それが称賛に値するならその議員を支持することが容易となる。

二院制州議会の下では、一方の院が他方の院へと立法上の失敗を転嫁することは、普通に見られる現象である。すなわち、法律案不成立の責任は二分され、審議に加わった議員は、自身の投票記録が正確に示され、議員は一般の住民が理解できないような議会戦術や議事手続きを悪用することはできなくなる。

一院制州議会の下では、すべての投票行動が単純化され、一般の住民はたとえ議事手続きの専門家にならなくても、議員が関係している立法上の問題を正当に判断することができるようになる。

## 2　州議会の議員定数は少なくすべきだ

米国の州議会が有する欠点の一つは、全体的に議員の定数が多すぎることである。理論的には、議員の数が多い方がすべての住民を完全に代表できると考えられる。しかし実際には、議員定数が多いということは真の代表性を損なうことが立証されている。

より多数の議員集団の存在は、何らかの立法上の成果を得るために、個々の権利や特権を放棄させかねない。つまり個々の議員は、重要な法律案に対して修正案を提出する機会を奪われ、実質的な決定権を委員会に委ねざるを得なくなるからである。

一例を挙げれば、ワシントンＤ・Ｃにある連邦議会下院の実態もこの点では変わりない。確かに、連邦下院議員の中には、すぐれた良心的な人々も少なくない。しかし、彼らはその職務を十分にまっとうしているとはいえず、きわめて不満足な状況におかれているのが現実の姿である。

連邦下院議員たちは、多くの重要な法律案を審議するに際して、議事規則やその他の方法により、修正案を提出する権利を制限され、また質問する権利や過ちを指摘しそれを訂正する権利すら奪われているのである。その結果、彼らは深い失望を味わわされるだけでなく、最終的に法律案への態度を決定する場合にも大きな過ちを犯すことになる。

州によって、議員の定数をどの程度にすべきかは議論の分かれるところである。しかし、ネブラスカのような州を例にとるなら、議員の定数は二〇―三〇人を越えるべきではないと考える。この程度の人数であれば、どの議員も審議に実質的に参加することができるし、また法律案の制定にあたっても可能な限りすぐれたアイディアを提供できるであろう。

さらに議員の定数を少なくすれば、それだけ個々の議員の行動を十分に監視できるようになり、住民も議会の記録と情報を入手しやすくなるのではあるまいか。

### 3　州議員の歳費は増額すべきだ

既存の条件の下では、州議会に善良ですぐれた人物を確保することはきわめて困難である。というのは一般の議員は、歳費の額があまりにも少ないため(年間三〇〇ドル)、自分の仕事を放棄してまで州議会に出席しようとしないからである。その結果、望ましくない人々が議員になったり、たとえ望ましい人物が議員になったとしても、その議員は大部分の時間を生活費を得ることにあてねばならず、実際には州議会の審議には参加できなくなる。

確かに、州議員になった人々の中には正直で有能なものもいるにはいる。しかし彼らは概して、ロビイストや腐敗した勢力によって惑わされやすい。彼らは州議会に出席するものの、しかしそれは短い時間であって、他に生活のための仕事を抱えているので、議員としての職務はどうしてもおろそかになりがちである。

州議会の議員には、生活が維持できるよう十分な歳費を支払うべきである。そうすれば議員は、その時間をもっぱら職務にあてることができるようになる。そしてこのことが、ひいては、すぐれた人物を議員職へと引き寄せるだけでなく、議員によい仕事をさせる結果となる。従って、議員には、その時間を議会活動にあてることができる十分な歳費が支払われるべきである。

なお、ノリスによれば議員は四年の任期で選出されるのが望ましく、議員の任期をあまり長くするのはよくないという。

## 4　提案された計画は、経済的にも安上がりとなる

以上において描いた計画は、よりよい立法を生みだすと同時に、納税者にとっても経費の節約となる。州議員に州の職員の俸給とほぼ同額の歳費が支払われるなら、議員は自己の職務に専念することができるのみならず、よりよい議員を確保できるので、結果として経済的にも安上がりとなる。

## 5　党派性は排除されるべきだ

州議会の議員は、政党の推薦やラベルによらないで党派色を消して選挙区から選出されるべきである。州議会の仕事はある意味では、党派とほとんど関係のないたぐいのものである。議員は全国的な政治派閥集団と結びつくことが多く、それは州政府の運営や州の立法を促進する際に大きな弊害となっている。

党派勢力から州議会の審議を、完全に分離すべきである。党派政治とはかかわりのない州議員を選出することは、必ずしもむずかしいことではない。また議員の定数も少なければ、それだけ党派にしばられずに、州議会を運用することができるようになるであろう。

## 6　立法手続き上の悪弊を除くべきだ

ここで描いた州議会は、二院制州議会や人数の多い議員から成る州議会に比べて、腐敗した勢力から身を守ることが容易となる。

腐敗した議員や実際には特殊な利益を代弁している議員は、常にその行動を隠蔽する機会をさがしまわっている。二院制議会の下では議員が見破られないままに、不正な取引に応じる機会を与え、また責任を他に転嫁させることになる。議員は種々の議会戦術や議事手続きを通じて、また多くの場合両院協議会の手段を悪用して、正直な住民をあざむくのである。

このような詐欺的行為の機会が存在しないなら、上で述べたたぐいの議員は候補者として立つことができなくなるであろうし、また、たとえ当選できたとしても、一期のみしか議員職を務められないことを身をもって知るであろう。

また議員の歳費を増額することによって有権者たちは、最初から平均すると質の高い議員を得ることができるようになり、今後はだまされることもあまりなくなるだろうし、そうした機会も少なくなることであろう。

こうして不正な議員は減少し、不正を試みる議員が勢力を失い、州の有権者たちは不正への誘惑のない自由な州議会をもつことになるだろう。

もちろん、我々は実際には小さな州議会のほうが大きい州議会に比べて、より買収されやすく、また一院制度のほうが二院制度よりも簡単に腐敗勢力の支配を受けやすいことを知らないわけではない。

仮に買収する機会と腐敗勢力が、二院制あるいは一院制の場合でも同じであるとするなら、この見解は正しいといえる。しかし、住民の目をあざむこうとする議員がその痕跡をかき消すことが出来なくなった時に、さらには議員の倫理が州の住民の最高の域に達した時には、右で述べた見解は直ちに根拠を失うであろう(25)。

## (2)　州憲法の改正――一院制への転換

すでに述べたように、ネブラスカ州では、一九一〇年代より二院制州議会を廃止して一院制州議会へと転換する提案がなされ、その運動が拡まっていった。そして、ついに一九三四年一一月六日の選挙に際して、請願→住民発案というかたちで、一院制州議会を定めた州憲法改正案が投票に付されたのである。その結果、この州憲法改正案は、賛成二八万六、〇八六票、反対一九万三、一五二票と投票者の約六〇%の多数により承諾され、成立したのである。この州憲法改正案は、次のような内容を含んでいた。

①来るべき一九三七年一月に召集される州議会の定例会より、州の立法上の権限は一院から成る州議会に付与する。

②一九三七年に召集される州議会定例会において、州議会は法律でもって選出すべき議員の数を定め、また州を選挙区へと区分けする。

③州議会は三〇名から四〇名の議員で構成される。州議会の召集は、憲法または法律で別段の定めのない限り、二年に一度とする。

④州議会の議員は、選挙の翌年一月の最初の木曜日午前一二時より二年の任期で選出される。各議員は、非党派的方式(Non-Partisan Manner)、つまり、政党名を表記しない投票用紙(Indication on the Ballot)によって選出される。全議員の歳費総額は年間三万七、五〇〇ドルとし、議員に平等に分配され、法律の定める方法および時期に支払われる。

⑤州議会は、選挙の翌年一月、第一木曜日の午前一二時より定例会を開催する。副知事が議長を務める。

⑥州議会は議事録を保有し公刊する(ただし、秘密会とする要求があった場合は除く)。また法律案に対する議員の賛否は議員が望めば、議事録に記録する。すべての投票は発声投票とする。州議会の本会議および全委員会の入口は、審議を秘密会としない限り、これを開放する。

⑦すべての法律案および決議案は提出する場合、標題が読みあげられ、各議員が利用できるよう印刷に付される。また法律案および修正案のすべては、最終表決の前に印刷され、読み上げられる。いかなる法律案も、提出された後五日の審議日および第三読会を経なければ最終表決に付されない(26)。

次に、右の州憲法改正案が、請願↓住民発案というかたちをとって、投票・成立へと至る過程をノリス議員の伝記などに依拠しながら紹介しておこう。

一院制州議会の計画は今回初めて提案されたものではなく、一九一〇年代からすでに二〇年余にわたって検討されてきたものであった。そういう意味では、十分に研究し尽くされたものであるといってよい。

一九三四年二月二二日、ワシントン大統領生誕祭に、ノリス上院議員は古くからの友人であるジョン・G・マハー(John G. Maher)大佐の協力を得て、一院制州議会を定めた州憲法修正案を検討する集会をあるホテルで持った。集会にはおよそ八〇〇人の住民が州の各地域から参加し、(一院制促進)委員会が設置され、マハー大佐がその議長に選出された。そして一一月に行われる選挙の時に、住民発案の方法によって、州憲法を改正し一院制州議会へと移行する運動を進めることを決定したのである。

上記の委員会では、次のような提案が出された。すなわち、州議員の定数は二五名とし、議員の歳費を年額二、五〇〇ドルとする。その際、ノリス上院議員は、一院制州議会の下では、政党名を記さない投票(Non-Partisan Ballot)方式で議員を選出することを、提案した。同委員会のメンバーの中には、その提案を住民投票に付した場合、反対される恐れが大きいので躊躇するむきもあった。しかし結局、州憲法改正案にそれをもりこむ方が大きな目玉となると主張する、ノリスの意見が通った。

議員の定数と歳費についても異論が出されたが、最終的に三〇名―五〇名の議員数を基礎として、歳費の総額を二年間で七万五、〇〇〇ドル(年間三万七、五〇〇ドル)に制限するということで落ち着いた。

この運動を遂行するにあたって、最も困難であったことは、住民発案にこぎつけるために、有権者から一定数の署名を集めなければならないことであった。州法は住民発案の要件として、宣誓供述書に住所を明記した署名者と、一枚の供述書には署名は二〇名以内とするなど、細かい要件を定めていた。またいかなる理由があるにせよ、一件でも違法な記載(例えば投票資格のない人の記載)が発見された場合には、請願書の署名はすべて、無効となるとも定められていた。

住民発案のために必要な署名者の数は、州法の規定により、前回の知事選挙で投じられた票を基準として、州の九三の郡の三分の二以上の郡から六万五、〇〇〇人集める必要があった。この運動を進めるにあたってはまた、かなりの資金が必要とされた。すなわち、請願書を印刷し、それを州のあらゆる郡に配布し、署名を依頼して回収する手間に要する費用である。署名を依頼するには細心の注意が必要であり、従ってことは当初考えた程には、簡単なものではなかった。

必要な資金は、この運動に賛同する人々の寄付金でまかなうこととし、州内の有力者に協力を仰いだ。そして署名運動と寄付金集めの責任者として、ドナルド・ギャラハー(Donald Gallagher)が任命された。署名を求める運動を進める過程では、しばしば資金難に遭遇し、署名運動は行きづまった。だが、ノリス上院議員自身も、著名人に寄附要請の手紙を書き、また資金の協力を惜しまなかった。

一方、この運動に対する反対派もだまってはいなかった。ことに、州内最大の発行部数をほこり大きな影響力を持つオマハ市の『ワールド・ヘラルド(World Herald)』紙が、一院制州議会に対して強力な反対の論陣を張った。また民主・共和両党の指導者たちもおしなべて反対派にまわり、さらに銀行家、法律家、公共事業関係者の大部分もこれに反対した。住民の圧倒的多数を占める農民は、賛成派および反対派と二分されていた。

とりわけ、議員を選出する「政党名を記さない投票」制度については、現職の州議員はこぞって反対の態度を表明した。また運動を進めた当初には、ネブラスカ州民主党の指導者である、アーサー・F・ミュラー(Arthur F. Muller)が直々に、ワシントンD・Cにあるノリス上院議員の事務所を訪れ、もしこの提案を取りさげるなら、次回の選挙では共和党のノリス議員を民主党の組織をあげて一致協力をすることを惜しまないと、もちかけてきた。しかし、ノリス議員は、州議会が党派的基礎を持つ必要はまったくないと、従来から唱えていた見解を主張してこれを拒否したのである。

請願に必要な署名運動は、確固たる組織を欠いていたので、至るところで既存のマシーンの組織的抵抗に出会った。しかし運動を展開するうちに、教員組織や教会・牧師もこの運動に加わるようになり、ようやく必要な署名数六万五、〇〇〇人を獲得した。その後は運動も比較的楽になり、ボランティアが協力を申し出るなど、若い青年までがこの運動に多数参加した。ノリス議員自身も車で州内のあらゆる地域をまわり、一院制州議会を訴える演説を行い、また多くの討論集会を主催した。

こうして、一院制州議会を定めた住民発案による州憲法改正案は、すでに述べたように、賛成二八万六、〇八六票、反対一九万三、一五二票と九万二、九三四票の差をつけて、ここにネブラスカ州民の多数の支持を得て成立したのである。全州九三の郡のうち八六の郡が州憲法改正案に多数票を投じ、反対派が多数を占めた郡は九つにすぎず、しかもそれは人口の少ない牧草地帯であった(27)。

その後ネブラスカ州の場合と同様の提案が、いくつかの州で有権者の前に付されている。しかしながら、それらの提案はことごとく失敗に終わっている。何故ネブラスカ州において、二院制から一院制へと転換する州憲法改正案が勝利することができたのであろうか。

一院制州議会への移行を研究した、ネブラスカ大学のロジャー・V・シュマート(Roger V. Shumate)教授は、勝利の要因を次のように説明している。

①州憲法改正案の提案は、大不況の最中に、つまり住民が税金の削減を期待し、より効率的でかつより倹約的な政府を確保する手段を必死で求めていた時になされたのである。このような時期であったので、有権者たちは伝統を打破し新しい制度を導入することに平素以上に熱心であった。

②一院制州議会を設置する提案が、有能で活動的な指導者の関心を引いたことは幸運であった。とくに、上院議員のG・W・ノリスはその中でも最も熱心な唱導者であり、彼は州の新聞や有力者から多くの反対に直面したものの、市民グループや学者の協力・支持を得ることができた。

③一院制州議会への州憲法改正案は、実は他の二つの人気ある州憲法改正案と同じ時期に一緒に投票されたことである。すなわち、州の禁酒法の廃止と競馬場での配当金を公認する州憲法改正案も同時に提出されたのである。一院制州議会の支持者たちは、これらの提案をにがにがしく思っていた。

しかし、これらの二つの州憲法改正案が、一院制州議会への改正案の成立に大きく貢献したことは否めない。もっとも、一院制の提案の方が、競馬の配当金の公認の提案よりも多くの票を集めた(28)。

## (3) 一院制州議会の実績と評価

一院制州議会を規定した州憲法改正案が住民投票に付された時、その運動を進めた支持者たちは次のように論じた。すなわち、小さな単一の州議会は議員の歳費の総額を少なくし、州政府の経費節約となる。また州議会の審議をより能率的に進めることができ、その結果経費の削減につながると同時に、州議会の会期も短くなる。小さな単一の州議会は、法律案の成立または廃棄についての責任を明確にし、その結果、州議員が住民の意向により敏感に反応するようになる。小さな単一の州議会は、提出された法律案を審議するに際してより効率的となり、その結果、上院と下院との対立から生じる弊害を除去し、法律の成立を促進するようになる。さらに小さな単一の州議会は、州議会の威信を高め、かくしてより高い素質を持つ議員を集めることになると。

他方これに対して、一院制州議会の反対者たちは、選挙運動期間中、次のように主張した。すなわち、まず第一に一院制度は「米国の伝統」になじまない制度であって、州は祖先が定めた二院制度の下で発展し、繁栄してきたのである。第二院を設けることで期待される牽制・抑制の手段がなくなることは、性急でかつ無分別な法律を多く作り出すことになる。また小さな単一の州議会は、ロビイストや圧力集団の影響をより受けやすくなるし、州の多様な利益を十分に代表できなくなる恐れがある。小さな単一の州議会では、二院制州議会に比べて「感情に動かされる人間(wild men)」をより多く選出する可能性が大きくなる。さらに予想される急進的または突飛な法律案が州政府の支出を増やし、それは州議会自体の経費削減をはるかに超えるものとなる(29)。

一九三七年一月より、ネブラスカ州議会は二院制から一院制へと移行した。それでは、右で述べた一院制推進派の主張する利点はどの程度生かされたであろうか。次に、一院制州議会の運用状況とその評価を試みることにする。

①一院制州議会は明らかに、議員歳費の節約に貢献したといえる。歳費の総額は年間七万五、〇〇〇ドルと定められていた。しかるに、二院制州議会当時は一〇万六、四〇〇ドルも要した。その上、二院制の時代には、特別会が召集された時には歳費の追加支払い＝臨時手当が出されていた。しかし、今日ではそれを支払っていない。こうして、議員歳費の正味節約分は平均すると、二年ごとに約三万五、〇〇〇ドルにものぼっているのである(30)。

②概して州政府の経費は増大し続けてきた。しかしながら一院制州議会の下では立法過程に伴う支出、つまり議員へ支払う旅費、秘書の給料、印刷代、文房具代、郵便料金が二年あたりで八、〇〇〇ドルから一万ドルも節約できた。

③明らかに一院制州議会は、審議をより迅速に進める結果となった。だが、州議会の会期日数を縮めることはできなかった。むしろ一院制の下では会期日数は増えているのである。すなわち、二院制時代においては、最後の五回の定例会では平均すると、議会の会期日数が九三日であり、これに特別会の会期の

日数四六日を加えると、平均して一〇二日であった。一方これに対して、一院制時代においては、七回の会期を平均すると、会期日数は一〇一日であり、これに特別会の会期日数二九日を加えると、平均一〇四日となっている。

しかしながら、定例会の日数が増えたという事実は、逆に一院制州議会を採用したことにより、むしろより慎重に議事手続を進めている証左でもあると、いえなくもない。

④残念ながら、州政府の支出については一院制時代と二院制時代とでは正確に比較できない。というのは州政府の年間予算は二院制時代の終わりの頃の三倍以上になっているからである。増加した予算の大部分は、戦後のインフレ、住民へのサーヴィス拡大、生活水準の向上などによるものである。

ただし、一院制州議会が納税者の金を浪費しなかったことは明らかである。売上税、所得税および学校への補助金に関する法律案も、ことごとく廃案へと追い込まれた。

⑤一院制の下において、議員の知性と徳性が二院制の時代と著しく異なっていることは証明できない。ただ、一院制時代の議員の方が学問、専門性および公務などの経験という点では平均すると若干上回っていることを示している。また、二年ごとの選挙によっても、州議会の構成はあまり変わらず、長年議員としての経験を積んだ人々が多数を占めている(31)。

**表1　1934年11月の州憲法各改正案への投票結果**

| 項目 | 賛成 | 反対 |
|---|---|---|
| ○禁酒法の廃止 | 328,074 | 218,107 |
| ○一院制州議会※ | 286,086 | 193,152 |
| ○競馬の配当金※ | 251,111 | 187,455 |

※は、住民発案として提起された。
出　典：*Nebraska Blue Book*, 1944 (Lincoln, Nebraska Legislative Council, 1944), p.85.

⑥一院制と二院制の下で成立した法律の内容およびその質についても、完全に学問的な方法で比較することは困難である。

ただいえることは、一院制の下では裁判所によって違憲であると宣言された法律はきわめて少なく、しかも不十分な起草の故に握りつぶされたり、あるいは内容が骨抜きにされた法律も非常に少なかった。これには、一九三七年に設立された「立法協議会」(Conference Committee)による事前の調査と勧告が貢献していると思われる(32)。

⑦第二院の存在で期待された牽制・抑制の手段がなくなったことで、性急でかつ無分別な法律が多く成立したであろうか。答えは明らかに否である。

すでに述べたように、一院制州議会は、新しい租税法の制定や州政府のサーヴィス拡大という点では、むしろ保守的態度を示していた。従って、一院制州議会の下では、それが「急進的な過激分子」の機関になるのではないかという懸念は消え去ったといえる。

⑧一院制州議会の下では、提出された法律案に対して十分な審議がなされないのではないかという危惧があった。しかし実際には、二院制州議会の時代以上に、十分かつ慎重な審議が行われていることがデータで実証された。

例えば、二院制時代において最後の五回の定例会に提出された法律案の平均は、九〇八本であった。他方、一院制時代において、七回の定例会に提出された法律案の平均は、五一七本であった。これは、二院制時代に比べると五七%という割合である。だが、一院制の下での会期日数は二院制の下でのそれに比べてそれ程長いというわけではない。従って、一院制の州議会では、以前に九〇八本の法律案を審議した時よりも、五一七本の法律案の審議により多くの時間をかけていることになる。

その理由としては、一院制州議会の創設者たちが法律案をより慎重に審議するために、極めて用意周到な議事手続きを意図的に定めたからである。すなわち、提出された法律案はすべて印刷され、議員に配布されねばならず、それはすべて委員会に付託され、公聴会にかけねばならない。さらに、もし動議により報告を省略されない限り、本会議において委員会の報告を必要とする。

委員会での審議をぬきにして、法律案を直接本会議に上程する強制的手段や規制も存在せず、また委員会は公聴会を開催しないまま法律案を報告することもできなくなった。かくして、いかなる法律案といえども、公聴会を開催したままで法律案の審議を放棄するとか、それを棚ざらしにしておくことはもはや不可能となったのである。こうした点が結局、審議時間を長くする要因となった。

⑨一院制州議会の下では、提出された法律案はかなり少なくなった。だが実質的にはより多くの法律案が成立した。二院制時代において、最後の五回の定例会では平均すると一八一本の法律案が成立しており、提出された法律案の成立の割合は二〇％を若干下まわっている。これに対して一院制時代においては、七つの定例会で平均すると二六〇本の法律案が成立しており、提出された法律案の成立の割合は五〇％を若干上回っている。

従って、もし州議会の目的を法律案の成立を推進することに限定するなら、明らかに一院制のほうがましであるということになる。しかし、州議会を持つ利点が、法律案の成立を阻止することにあると考えるなら、二院制の方に軍配があがることになろう。

⑩右で述べた慎重な議事手続きの規定によって、若干の例外はあるものの、すべての委員会は議事日程を明らかにし、州議会が開会する前にすべての法律案の審議状況とその行方、つまり、成立させるのか廃案にするのかのメドを報告しなければならなくなった。こうして慎重な議事手続きを定めたことで、むしろ特別会召集の要求は少なくなったようである。

実際、二院制時代において、最後の五年間に合計すると四六日に及ぶ特別会を三回召集している。他方、一院制時代には、一五年間で合計すると二九日に及ぶ特別会をわずか三回しか召集していないのである。一院制州議会では、提出されたすべての法律案に対して明確な対応をしなければならないので、特別会を召集する理由がそれだけ少なくなったといえる。

⑪ネブラスカの州議会が、一院制の下でもロビイストや圧力団体の影響を受けているかどうかについては、これに正確に答えることができない。

ロビイストたちは、一院制州議会を「ロビイストの天国」(lobbyists paradise)であると述べて批判しているという。確かに理論的には、法律の成立または廃案についてのロビイストによる影響力は二院制の下でよりも一院制の下でのほうが少ないといえなくもない。しかし、必ずしもそうとばかりいえない側面もあり、ロビイスト対策は実際には容易ではないようである(33)。

## 4　おわりに

一院制州議会はネブラスカ州ではかなり巧みに運用されており、それは概して成功を収めてきたといえるのではなかろうか。しかし一方で、現在の制度に対する批判の声が聞かれないわけではない。

最後に、再び州議員の定数と政党名を記さない投票方式に対する批判、並びに一院制州議会の限界を指摘して本章を閉じることにしたい。

まず州議員の定数についてである。議員の定数は四三名であり(その後は若干増えて現在四九名である)、これについて多くの批判が寄せられてきた。つまり、この議員定数ではあまりに少なすぎて、州の多様な利益を十分に反映することができないのではないか。また議員の数が少ないために、重要な委員会を担当する議員の負担が大きくなりすぎはしないかなどと。従って、議員の定数は六〇名か七〇名へ、もしくは一〇〇名まで増員すべきであるという提案が出されてきた。

しかしながら、これらの提案に対して、州議会はかつて一三三名の議員が存在した時のように十分に代表されかつ機能しており、仮に議員の数が増えたとしても、提出される法律案の数と委員会の数と規模が大きくなるだけで、結局、現在かかえている負担と同じ仕事量を議員に与える結果になってしまうと、一院制の支持者たちは答えている。

次に、政党名を記さない投票方式で選出されてくる議員についてである。この方式で選出された州議会においては、党派組織は表面的には存在しない(もちろん実際には、党派的提携はある)。従って、州議会で十分な指導力を発揮できないという理由により、これもしばしば批判の対象となっていた。

例えば、通常州議会の多数派は知事を支持する党派＝与党であって、それが立法計画や法律案の成立に責任を負うべきであると。また知事も与党の指導者であることが望ましく、知事の政策を支持し、多数派の支持を獲得するためにも党派勢力に頼らざるを得ないのではないのかと、主張されてきた。

しかし、このような批判にかかわらず、非党派の州議会が存続してきた。これを堅持しようとする人々は次のように反論している。すなわち、第一に、州議会が取り扱う問題は、一般にその性質上ほとんど党派組織とは関係のないものが多く、従って法律案に対する態度の決定に際しても党派との提携を基礎とするより、むしろ議員個々人の判断で行うべきであると。第二に、非党派から成る州議会への反対者がいう「党派的責任」とか「政治的指導力」というのは、実際には党派の「寡頭支配」を容認することにつながり、立法に際して党派組織の「横車的」な戦術を助長するだけである。そして第三に、州議会に党派組織が存在すれば、なるほど知事の権力＝支配は強まるであろう。しかし、それは望ましいことではない。何故なら、知事はもともと官僚任命権、予算編成、法律案拒否権などを通じて、大きな権力を行使できるからである。従って、知事の進める政策・提案を支持する議員を獲得するのは比較的容易であると(34)。

以上、ネブラスカの一院制州議会をケース・スタディにして、米国における州議会の一院制の問題を論じてきた。最後に、留意すべき点をいくつか指摘しておこう。

まず一院制州議会は、ネブラスカ州において完全に革命的変化をもたらす政府を生みだしたわけではなく、他の州も直ちにネブラスカ州の実験に従うべきであるとは必ずしもいえないということである。

というのは、二院制から一院制への転換あるいはその逆の場合であっても、州議会の構造と仕組みの変化が直ちに、州政府のかかえる問題を解決するわけではないからである。

種々の改革を進めるに際して、州議会の機構の改善が重要であることはいうまでもない。しかし、どのような制度を導入するにしても、それを支える住民、そして住民が選出する議員の質と英知が向上し、その上にたって制度を慎重に運用するのでなければ、それは十分に機能せず、失敗に終わる可能性がなしともしない[35]。

**【注】**

（1）本章は、一九八八年三月六日に、『参議院制度研究会』で報告した「アメリカ州議会の二院制と一院制」を基礎にしており、その後新たな資料により、修正加筆したものである。

（2）一六一九年にヴァージニア植民地議会が米国で最初の議会として創立された。「これ（大チャーターと基本法）によって移住者たちの移住地若しくは開拓地（その数一一）から各々二人の代議員を選出し中心地ジェームズタウンの教会堂に会して代議院を組織し、総監督及び総督が任命する参議院と共に議会を構成せしむることとなった」（アメリカ学会訳論『原典アメリカ史』第一巻（岩波書店、一九五七年）、七六―七七頁）。マサチューセッツについては、同上一二六―一三二頁参照。

（3）Wilder Crane Jr., and Meredith W. Watts, Jr., *State Legislative Systems* (Prentice Hall, 1986), p. 2. なお、植民地議会の構造と機能については、バーナード・ベイリン、田中和か子訳『アメリカ政治の起源』（東京大学出版会、一九七五年）、第二章「植民地政治の構造」に詳しい。

（4）建国初頭の二院制と一院制については、O. Douglas Weeks, *Two Legislative House or One* (Arnold Foundation Studies

Vol.VI, 1938)を参照されたい。

（5）　George A, Peek, Jr., ed., *The Political Writings of John Adams* (Indianapolis, 1954), pp.84-92.

（6）　例えば、ニューヨーク州では、一〇〇ポンドに相当する自由保有の土地を所有する住民のみが上院議員への投票を認められていたが、一七九〇年の国勢調査によれば、ニューヨーク州の人口の三万人のうちわずかに一、二〇九人のみが選挙権を持っていたにすぎなかった(チャールズ・A・ビアード、池本幸三訳『合衆国憲法の経済的解釈』〔研究社出版、一九七四年〕、八八—八九頁)。

（7）　ヴァーモントの一院制州議会については、Daniel B. Carroll, *The Unicameral Legislature of Vermont* (Vermont Historical Society, 1933)に詳しい。

（8）　全米地方自治体連盟は、一八九四年に結成され、地方自治体に関する最も権威のある機関である。全米地方自治体連盟は一九二一年模範州憲法を作成した。それは現行州憲法に対する基準を提供し、憲法の改正を検討している州に示唆を与えるためのものである。

模範州憲法の特色として、議会は一院制で、その議員は二年で選出され、また行政権は知事に集中すべきであるなどの規定があげられる(ジョセフ・ツィンマーマン、神戸市地方自治研究会訳『アメリカの地方自治—州と地方団体』〔勁草書房、一九八六年〕、五四—五五頁)。

（9）　一院制度は一九一三年以来、いくつかの州議会で議論の対象となっており、少なくとも一〇の州では一院制度への改革を州議会または憲法会議にかけ、あるいは無記名投票に付されてきた。

例えば、一九一三年から一九二五年にかけて、カリフォルニア州議会のすべての会期において一院制度へと移行することを定めた州憲法改正案が少なくとも一院の支持を受けていた。オクラホマ州およびオレゴン州では一九一二年と一九一六年の間に一院制への転換の州憲法修正案に対する投票が行われた。また、オハイオ州(一九一三年、三三年)、カンザス州(一九一三年)、アラバマ州(一九一五年)、ワシントン州(一九一五、一七年)およびサウス・ダコタ州(一九一三年、二三年、二七年)にそのような変化を求めて一時関心が高まった事実が記録されている。同時に他の州でも明確なかたちではないが一院制への関心が生じた(Lane W. Lancaster, "Nebraska Considers a One-House Legislature" *National Municipal Review*, Vol.XXIII, No.7〔July, 1934〕, p.374)。

(10) 五十嵐武士訳「ペンシルヴェニア邦憲法」斉藤眞・五十嵐武士訳編『アメリカ革命』(研究社出版、一九七八年)、一四九—一五四頁。

(11) 五十嵐武士『アメリカの建国—その光栄と試練』(東京大学出版会、一九八四年)、二〇四頁。

(12) 有賀貞『アメリカ革命』(東京大学出版会、一九八八年)、一八二頁。

(13) Joseph Story, *Commentaries on the Constitution of the United States* (Little Brown, 1833, Dacops, 1970), Vol.II, pp.27-30

(14) 多くの場合、法律案は第二院で十分に審議されるであろう—その期待はほとんど実現されない—という憶測に基づいて、第一院では多く審議されることがないままに、法律案は通過している。一つの院で論議を呼ばない法律案が他の院で慎重に審議されることはほとんどなく、しばしば当該法律案はいずれの院でも十分に審議されないまま成立している(Belle Zeller, ed., *American State Legislatures-Report of the Committee on American Legislatures: American Political Science Association*〔Crowell, 1954〕, p.52)。

(15) Peek, Jr., *ed., op.cit., The Political Writings of John Adams*, pp.84-92.

(16) 以上の叙述は、Zeller, ed., *op.cit., American State Legislatures*, pp.51-58. に拠っている。

(17) *Ibid.*, pp.58-60.

(18) 例えば、ニール・R・ピアスとジェリー・ハグストロームはこの点について次のように説明している。「電力の公営化は、一九三〇年代に強力に進められ、一九七〇年代の終わり頃まで、ネブラスカに全米で最も安い電力料金をもたらした。現在誰も民営電力にもどろうとするものはいない。しかし実際は、電力の公営化が民営電力の利益に対する不振に根ざすものでもなければ、すべての人々に安い電力を供給しようという欲求から生じたものでもない。むしろ、大恐慌の最中に州議会に集った旱魃に悩む農民たちが公営電力推進に票を投じたのは、そうすることによって、彼らが農地への灌漑をまかなうのに連邦政府の補助を受けることができたからであった」(嘉治佐代訳「ネブラスカ州」ニール・R・ピアス、ジェリー・ハグストローム、中屋健一監訳『ザ・ブック・オブ・アメリカ』〔実業之日本社、一九八五年〕、五九二頁〕。

（19）Dorstly W. Creigh, *Neburaska-A Bicentennial History* (Norton, 1977), pp.197-199.

（20）小野修「ネブラスカ覚え書—その風土と歴史」『同志社大学人文科学』第九号（一九七八年一一月）、九六頁。本論文は管見の限りではネブラスカに関する唯一の邦語文献である。その副題が示すように、ネブラスカ州の風土と歴史に焦点があてられており、しかもその記述が州の成立でもって終わっている。従って、現在の、とりわけ二〇世紀に入ってのネブラスカに関する情報はほとんどなく、ルポタージュの域をこえていない。なお、田中舘照橘「アメリカの一院制の問題」『時の法令』No.五三九（一九六五年七月）では、ネブラスカ州の一院制についてふれられている。

（21）嘉治訳「ネブラスカ州」、前掲書『ザ・ブック・オブ・アメリカ』、五八八頁。

（22）Lancaster, *op.cit.*, "Nebraska Considers a One-House Legislature", p.374.

（23）ジョージ・W・ノリスについては、George W. Noris, *Fighting Liberal: The Autobiography of George W. Norris* (Macmillam, 1945) および Richaed Lowitt, *George W. Norris : The Perristence of a Progressive*, 1913-1933 (Univ. of Illinois Press, 1971) を参照されたい。

（24）この他に、ノリスの業績としては、上院議員の直接選挙のための憲法修正で戦ったこと。また、ノリス・ラ・ガーディア法の生みの親として知られている。同法は、フーヴァ大統領の時制定されたもので、全国産業復興法第七条項やワグナー法のさきがけとして、労働組合の発展に貢献した。なお、ジョージ・W・ノリスの活動については、尾上一雄氏がその著作の中で一部とりあげている〔尾上一雄『フーヴァ大統領の不況対策』〔千倉書房、一九八五年〕、三三五、四三一—四四四頁他〕。

（25）*The New York Times*, Jan. 28, 1923.

（26）*Nebraska Blue book 1944* (Lincoln. Nebraska Legislative Council, 1944), pp.48-52.

（27）以上の叙述は、Noris, *op.cit.*, *Fighting Liberal-The Autobiography of George W. Norris*, pp.344-350 に拠っている。

## 表2　二院制議会と一院制議会の費用比較

| | 二院制議会：*1935-36*年 | | 一院制議会：*1937-38*年 | |
|---|---|---|---|---|
| | 定例会 *1936*年*12*月*31*日 | 特別会 *1936*年*12*月*31*日 | 両会期の合計 | 定例会 *1937*年*6*月*30*日 |
| 給料：議員 | $106,660.00 | $13,300.00 | $119,960.00 | $37,499.87 |
| 　　　秘書 | 11,124.00 | 2,135.50 | 13,277.50 | 4,510.50 |
| 　　　職員 | 34,338.89 | 5,125.40 | 39,464.29 | 26,867.06 |
| 消耗品 | 7,828.88 | 1,701.46 | 9,530.34 | 3,612.11 |
| 印刷代 | 26,106.12 | 2,954.72 | 29,060.84 | 15,267.13 |
| 電話・電報 | 692.24 | 268.23 | 960.47 | 388.19 |
| 郵便 | 7,287.40 | 1,221.65 | 8,509.05 | 6,300.00 |
| 旅費：ガソリン代 | 3,698.40 | 3,679.50 | 7,377.90 | 565.11 |
| 　　　バス代 | 1,064.85 | 170.48 | 1,205.33 | 188.36 |
| 専門家への助成： | | | | |
| 　立法参考局 | 4,000.00 | - | 4,000.00 | 4,000.00 |
| 　立法協議会 | 180.00 | 340.00 | 1,520.00 | 4,697.05 |
| 　その他の雑費 | 1,317.65 | 176.90 | 1,494.55 | - |
| 議事録：準備 | 2,050.00 | 572.00 | 3,522.00 | - |
| 　　　　印刷 | 5,470.70 | 1,074.75 | 6,545.45 | 1,477.12 |
| 法律の準備 | 856.50 | 437.00 | 1,293.50 | - |
| 法律の印刷 | 4,482.26 | 2,302.92 | 6,785.18 | 2,586.80 |
| 合　計 | 219,045.89 | 35,460.51 | 254,506.40 | 107,959.30 |

一院制議会の支出　*1937*年*7*月*1*日～ *1938*年*9*月*1*日

| | | | |
|---|---|---|---|
| 43名の議員給料(1938年) | | $28,899.87 | |
| 事務局の給料 | | | |
| 　事務総長の給料 | $4,200.00 | | |
| 　事務次長の給料 | 1,830.00 | | |
| 　資料保管料 | 2,112.40 | | |
| 　議事堂補修費 | 1,231.90 | | |
| 　その他の雑費 | 1,521.26 | | |
| | - | 10,895.56 | |
| 立法協議会 | | | |
| 　専門職員給料 | $963.89 | | |
| 　職員給料 | 2,798.22 | | |
| 　その他の雑費・印刷費 | 675.22 | 4,437.33 | |
| | | - | 44,232.76 |

一院制の支出　*1938*年*9*月*1*日～ *31*日

| | | | |
|---|---|---|---|
| 43名の議員給料 | $8,600.00 | | |
| 事務局職員給料 | 1,200.00 | | |
| 秘書その他の費用 | 1,552.53 | | |
| | | 2,752.53 | |
| 立法協議会 | | 2,562.67 | |
| | | | 13,915.20 |
| 合計：2年ごとの一院制議会の支出 | | | $166,107.26 |

出　典：L. E. Aylsworth, "Nebraska's Unicameral Legislature Save Money for Taxpayers", *National Municipal Review* Vol.10 (Oct, 1938), pp.491-492.

（28）　Roger V. Shamate, "The Nebraska Unicameral Legislature", *The Western Political Quarterly,* Vol.5, No.3 (Sept. 1952), pp.504-505.

（29）　*Ibid.*, p.506.

（30）　表2参照。

（31）　この点については、Zeller, ed., *op.cit., American State Legislation*, p.240のAppendix A : "Unicamercal Lawmaking in Nebraska" に詳しい記述がみられる。

（32）　立法協議会とは、議会の開会中に次の会期において審議される立法上の問題を検討する機関であって、協議会の専門審査官が議会で審議する総合的プログラムを準備する。立法協議会は一九三三年にカンザス州において初めて設けられ、ネブラスカ州でも一九三七年に設置されている(*op.cit., Nebraska Blue book 1944*, p.197)。

（33）　R. V. Shamate, "The Nebraska Unicameral Legislature", pp.506-510.

（34）　*Ibid.*, pp.511-512.

（35）　*Ibid.*

# 第二章　一院制州議会の構造と機能

## 1　はじめに

周知のように、米国は現在、五〇の州から構成された「連邦国家」である。連邦レベルでは、州を代表する連邦上院と州の人口に基づく連邦下院の二院制度を採用している。これに対して、州レベルでは四九の州が、上院と下院から成る二院制の州議会を採用しているものの、ネブラスカ州のみは、上院議員から成る一院制議会を採用している。ネブラスカ州においては、不況下の経済的効率などを勘案して、一九三四年に州憲法を改正し、一九三七年より二院制議会から一院制議会へと転換することに成功した。一院制州議会は、「非党派(nonpartiasn)」的に運営されており、その特色として開放主義的で、平等主義的で、効率主義的な点を挙げることができる。ネブラスカ州では、すでに七〇年以上の長期にわたってユニークな一院制の議会制度を維持してきたのである(1)。

一方、わが国では、「単一国家」であるにもかかわらず、議会制度として、衆議院と参議院からなる二院制度を採用しており、参議院の選出方法や権限などをめぐって長い間論議が交わされ、その存在意義が問われてきた。そこで、二院制議会から一院制議会に転換してうまく運営されているといわれる、ネブラスカ州の一院制議会の立法上の権限、組織、法律の制定過程および州議会と州知事との関係を紹介することにより、わが国における議会制度のあり方を検討する場合の何らかの参考材料となればと考えたしだいである。

ところで近年、欧米の政治学会では、「新制度論(new institutionalism)」が注目を集めており、政治学の研究分野において、制度研究の意義と重要性が改めて問い直されている。そうした中で、議会の組織をはじめとする制度研究は、議会における法律の制定過程＝政策決定過程を検討する際に、極めて有意義な分析基盤を提供するものである。本章で採用する「接近方法(アプローチ)」も、そうして問題意識に触発されている部分が少なくない(2)。

本章の目的は、第一にネブラスカ州議会の中における「権力保持者」を確定することである。立法上の権限の所在を踏まえて、法律の制定過程、すなわち、州議会の政策決定過程の中心に位置しているのは、いかなる組織＝機関なのか、また誰がどのようにそれを支配し運営しているのかという、問題関心が基本となっている。

第二に、州議会と州知事との対抗関係、つまり立法府と行政府との「力学関係」を明確にしたいという問題関心がある。一般に、一院制議会の下では、知事側が議会側に対して優位な位置にあるのではないかと考えられる。何故なら、知事は議会の一院のみと対応し、しかも極めて少数の議員を相手にすればよいからである。またその際、知事の法律案への拒否権発動に対して、議会はどのように対応しているかも明らかにしたい。

すでに筆者は二〇年ほど前に、米国の州レベルにおける二院制と一院制の問題点を分析し、その際、事例研究の一環としてネブラスカ州における一院制議会の成立の経緯、制度およびその特色を簡単に紹介したことがあった(3)。今回、専修大学の在外研究員として、ネブラスカ州のリンカーン市にある、ネブラスカ大学に滞在する機会を得ることが出来た。そこでこの機会を利用して新しい資料を収集し、また関係者などへのインタビューを試み、改めてネブラスカ州の一院制議会の権限、組織、立法過程および議会と知事との関係を検討し、これを報告することにした。

## 2　立法上の権限

### (1)　州憲法と立法上の権限

米国の政治制度の特色は、権限が連邦と州との間に分割されていることである。すなわち、連邦政府の権限は、連邦憲法の中に列記され、または連邦政府に委任されている事項に限定されている。これに対して、各州の権限は、連邦憲法によってとくに禁止されていない限り、州固有の権限として留保されている[4]。

連邦憲法によって州に留保された権限は、その範囲も広く多岐にわたっている。これらの権限の多くは、州議会における法律の制定を通じて行使されるので、州議会の権限も広範囲にわたりかつ強力である。州議会に留保された権限としては、立法権の他に、連邦および州憲法の制定権、弾劾権、知事の任命に対する同意権、公務員選任権、行政に対する監視権および予算の承認権などを挙げることが出来る[5]。なお、ここでいう立法権とは、法律案を可決、廃止および改正することにより、公共政策を決定する権限のことである。以上の権限を通じて州議会は、州の行政部門を監視しているのである。

本節ではまず最初に、ネブラスカ州憲法の中の州議会に関する規定に拠りながら、議会の権限の概要とその特色を紹介する。

州憲法の第Ⅲ章は、「立法上の権限」となっており、その第一条では、「州の立法上の権限は、一院から構成される州議会に帰属する」とうたって立法権を定めている。その上で、第二条、第三条および第四条では、住民発議権および住民投票の内容と要件を定めている。

次に、第五条では、州議員の数の確定および選出区域を定め、第六条では議員の数を「五〇名以下で三〇名以上」とし、会期は年一回であると明記している。続く第七条では、議員の任期（四年）および歳費（月額一、〇〇〇ドル）を定め、そして第八条では、議員への立候補の資格要件を定めている（満二一歳）。

第九条は、州の公務員の議員との兼職禁止に関する規定である。さらに第一〇条は、州議会の会期(奇数年は九〇日、偶数年は六〇日)を定め、また副知事が議長であり、可否同数の場合のみ投票するとしている。同条ではまた、定足数を議員の過半数とし、議員の除名要件を規定している。

第一一条は、議事録の保管および発声投票に関する規定であり、第一二条は、議員の多選禁止をうたっている。続く第一三条および第一四条は、法律案の形式に関して定めている。第一五条は、議員特権、そして第一六条は、議員および州公務員の利害抵触に関する規定である。

第一七条は、議会の弾劾権に関する規定であり、「州議会は弾劾に関する専有権を有する」とうたっている。第一八条は、州議会の権限の制約について定めており、離婚・氏名・住所の変更など民事問題に関与できないとしている。そして第一九条は、州の公務員の利害関係について規定している。

続いて、第二〇条は州に所属する自然資源について、また第二一条は州の管理下にある土地売買についての規定である。第二二条は、州議会の予算・決算の監視について規定している。第二三条は一九七二年に廃止された。また、第二四条は、宝くじの抽選券および福引きの収益に関する州議会の権限を定めている。第二五条では、公務員の州予算の利用制限について、また第二七条は、法律の施行について、各々定めている。第二八条は一九三四年に廃止された。第二九条は、危機の際の議会の権限について規定し、最後の第三〇条は、「州議会は、本憲法の規定を実行するのに必要な全ての法律を制定する」と結んでいる。具体的には、九二頁以下の(資料)「ネブラスカ州憲法第Ⅲ章[立法府の権限]」を参照されたい。

以上、州議会の立法上の権限の概要を述べてきた。その特色は、第一に、州憲法の冒頭の第一条、第二条、および第三条において州議会の立法権と並んで、州民の住民発案権および住民提案権に関して、詳細に規定していることである(6)。第二は、州議会による宝くじの抽選券福引きおよび景品事業への関与を規定していることである。州憲法の中でこうした事項に言及しているのは、極めてめずらしいことである。その他の規定は、他の多くの州議会における内容とそれほど異なってはいない(7)。

## (2)　ネブラスカ一院制議会議事規則

州憲法の立法上の権限を受けて、ネブラスカ州の一院制議事規則(Rules of Nebraska Unicameral Legislature)は、全一〇条から構成されている。以下にその概要を紹介する。

第一条は、公職者および雇用者に関する規定であり、ここでは、A公職者の選出、B議長、C仮議長、D事務総長、Eその他の公職者に関して定めている。第二条は、議事手続き規則に関する一般的規定であり、議事規則の採択、議員の本会議への出席および討論の時間制限などを定めている。第三条は、委員会に関する規定であり、公聴会、委員の任命、常任委員会および特別委員会、並びに理事会などについて定めている。第四条は、決議案に関する規定である。第五条は、法律案の一般的手続きに関する規定である。同条では、法律案の起草および形式などについて詳細に定めている。第六条は、法律案の審議の順序に関する規定であり、法律案の提出、付託、一般公示、特別公示、最終読会および知事の拒否権などについて定めている。第七条は、法律案の審議手続きと動議に関する規定であり、A議事日程の順序(8)、B機械投票、C動議などについて定めている。第八条は、歳出法律案の手続きに関する規定である。第九条は、特別会に関する規定である。そして最後の第一〇条は、選挙紛争および資格挑戦者に関する規定である。

このように、ネブラスカ州議会の一院制議事規則では、委員会および本会議段階における審議の順序や法律案審議の要件などが詳細に規定されている。その具体的内容については、次節以下の議会の組織および法律の制定過程についての論述の中で展開することにしたい。

## 3　州議会の組織

前節でも述べたように、ネブラスカの州憲法はその第Ⅲ章(立法上の権限)、第一条において、次のように定めて一院制議会を採用していることを明記している。すなわち、「州の立法上の権限は、一院制から構成される州議会に帰属する」。ネブラスカ州議会は現在、四九名の議員(正式には、上院議員＝Senate)から構成される一院制議会であり、各議員は個別の選挙区から選出されている(9)。二〇〇〇年の国政調査を踏まえて、州議員はおよそ三万五、〇〇〇人の住民から一人の割合で選出されている。

ネブラスカ州民は有権者として登録を行い、満二一歳になった米国市民であれば、ネブラスカ州議会の議員に立候補することができる。ただし、州議員に選出されるには、当該選挙区に最低一年間居住し、かつ選出後もそこに住み続けなければならない(10)。

一九三七年から一九六四年まで、州議員の任期は二年であった。だが、一九六四年に州憲法が改正され、議員の半数は四年の任期で選出され、残りの半数は二年の任期で選出されることになった。一九六六年以降はすべての議員が、四年の任期で選出されている。現在、ネブラスカ州議会の議員の選挙は、二年ごとに行われることになっている(11)。

州議員は二期連続して務めることが出来るものの、代表する選挙区の如何にかかわらず、その後四年間は議員となることが禁止されている(12)。なお、議員の歳費は、年額一万二、〇〇〇ドルで、月額僅かに一、〇〇〇ドルにすぎない。

二〇〇六年現在、州議員の選出母体は、次の通りである。すなわち、農業一二名、自営業一〇名、会社役員一〇名、法律家四名、医師・看護師三名、コンサルタント二名、その他八名。また男女別では、男性議員は三七名、そして女性議員は一二名である(13)。

ネブラスカ州議会の「定例会(Regular Session)」は、かつては二年に一回しか召集されていなかった。しかし、近年処理する法律案が増えて会期が長期化する傾向もあって、一九七〇年に州憲法を改正して、年一回の定例会に改めた。現在、州議会の定例会は、各年の一月の最初の月曜日の後の最初の水曜日の午前一〇時に開会される。定例会は、州議員の五分の四の投票で延長されない限り、奇数年は九〇日間、そして偶数年には六〇日間の会期と定められている(14)。

なお、特別会(Special Session)は、州知事の要請または州議員の三分の二の要請があれば、召集出来る。その日数は一般に、七日から一〇日間程度である(15)。

繰り返し述べてきたように、ネブラスカ州の議会組織は非党派的運営を特色としている。しかしながら、州議会の最高責任者の任務は、他の多くの州のそれと基本的には変わりがない。州議会の選挙で代表者＝議員が決定し、州議会が召集されたなら、議席が指定され、いわゆる「院の構成」が開始される。最初の段階は、州議会の最高責任者の選任と指名である。奇数年の冒頭に仮議長(Speaker)と二つの委員会の委員長の選出の他に、事務総長(Clerk of Legislature)などが指名・承認される。

州憲法では、副知事(Lieutenant Governor)を正式の議長と定めている。ただし、副知事は、法律案が可否同数の場合にのみ出席して、決済投票をするだけであり、副知事が不在の時には仮議長が本会議の議事を主宰する[16]。副知事は議長の名称(肩書き)を有するものの、実際には、その権限の大部分は、州議会が選出する仮議長に委ねられている[17]。

仮議長は会期のはじめに全議員の秘密投票で選出され、本会議の毎日の議事日程を定め、法律案に関する討論の順序を決定し、そして、審議されるすべての案件の処理に責任を負っている。仮議長は、職権上、付託委員会、委員会に関する委員会および規則委員会の委員を兼ねている。なお、仮議長は、常任委員会の正式の委員(regular member)となることが出来ない[18]。

事務総長は、毎日の本会議および各委員会の議事録を保存し、議会事務局の職員を管理し、立法および議事進行に関して、議事規則に基づき仮議長を補佐する[19]。州議会には、この他に、守衛長(Sergeant at Arms)、司祭調整者(Chaplain Coordinator)などが置かれ、州議会の管理・運営にあたっている。

ネブラスカ州議会においても、その他の州と同様に「常任委員会(Standing Committees)」、「特別委員会(Select Committees)」および「特殊委員会(Special Committees)」を設けている[20]。

現在、常任委員会として、一四の委員会が設置されており、その名称と委員の数は、次の通りである。

・農業委員会(八名)
・歳出委員会(九名)
・銀行、商業および保険委員会(八名)
・企業および労働委員会(七名)
・教育委員会(八名)
・総務委員会(八名)
・政府、軍事および退役軍人問題委員会(八名)
・保険および人的サービス委員会(七名)
・司法委員会(八名)
・自然資源委員会(八名)
・ネブラスカ引退制度委員会(六名)
・歳入委員会(八名)
・輸送および電気通信委員会(八名)
・都市問題委員会(七名)。

また、特別委員会の名称と委員の数は、次の通りである。

・委員会に関する委員会(一三名)

・登録および再検討委員会(一名)
・付託委員会(九名)
・規則委員会(六名)

常任委員会と特別委員会の他に、法律案に関する管轄権を有しない次のような特殊委員会が設置されている。

・公共建物保全委員会(六名)
・州教育委員会(三名)
・立法協議会執行運営委員会(九名)
・政府間協議委員会(五名)
・立法遂行監査特殊委員会(七名)

ここで注意しなくてはならないのは、特別委員会と特殊委員会の独自の役割である。それらの委員会は常任委員会と異なり、すべてが法律案を審議するわけでない。ネブラスカ州議会において、特別委員会で最も重要なのは、「付託委員会(Reference Committees)」である。付託委員会は、後述するように、「立法協議会執行運営委員会(Executive Board of the Legislative Council)」(21)から構成され、法律案および決議案を各委員会に付託し、公聴会を決定するなど州議会の中軸を担っている(22)。

次に重要なのは、「委員会に関する委員会(Committee on Committees)」である。その役割は、すべての議員を各委員会に任命することと、知事が任命した者の承認または同意を得るために、これを州議会に推薦することである[23]。委員会に関する委員会はまた、州議会の授権に基づき「調査委員会(Investigating Commettees)」が設けられた場合、その委員も任命する。

一方、特殊委員会の中で重要なのは、立法協議会の執行運営委員会である。それは、州議会全体を管理する立法協議会の小委員会であって、閉会中の期間を含めて立法上の業務を担当し、また州議会職員を管理し、付託委員会を構成しており、法律案と決議案に関する管轄権を行使する権限を持っており、わが国の国会の「議院運営委員会」に相当する役割を有している[24]。

ネブラスカ州議会において最も重要な権限を持つ議会責任者は、仮議長、委員会に関する委員会の委員長および立法協議会の執行運営委員会委員長であるといわれる[25]。それは、州議会議事規則の第一条「公職者と雇用者の選出」冒頭の第一節において、議長と並んで、委員会に関する委員会の委員長、執行運営委員会の委員長および委員の選出が記載されている事実にもよく示されている[26]。

各委員会の委員長は、毎年召集される定例会の冒頭に、秘密投票によって本会議で選出される。連邦議会や他の州のように、先任者優位制や政党所属とは関係なく、ネブラスカ州議会ではその業務に精通した適任者が選出されている[27]。議員は一般に、二つの委員会に所属している。

以上述べてきたように、ネブラスカ州議会は一院制を採用して総定数が四九名と少なく、また常任委員会の構成メンバーも平均すると八名と少数で、極めてシンプルな組織である。

州議会にはまた、四九名の議員を支える補佐機構として事務総長以下三三〇名(常勤および非常勤を含む)のスタッフを抱える議会事務局が設けられており、法律案の起草を手伝う「法令校閲者(Revisor)」、州の予算案を検討する「立法財政分析官（Legislative Fiscal Analyst）」、議員の調査・研究を補佐する「研究調査局（Director of Research）」および市民の不満・要望を処理する「行政監督官（Ombudsman）」などが置かれている[28]。

## 4　法律の制定過程

ネブラスカ州議会の立法手続きは、毎年定例会の冒頭に改正される、「ネブラスカ一院制議事規則（以下、単に議事規則と略す）」に従って行われる。それは、州憲法第Ⅲ章の「立法上の権限」を具体化したものであり、州議会の組織、公職者の義務および委員会における議事手続きなどを詳細に定めている。そこで最初に、法律の制定過程の論述に先立って、州憲法および議事規則に拠りながら、立法手続き上、最小限必要と思われる制度上の規定を確認しておきたい。

前節で述べたように、ネブラスカ州憲法第Ⅲ章第一〇条、並びに議事規則第一条第五節、第一三節および第一四節では、副知事が議長として州議会を主宰し、州議会の投票が可否同数の時のみ投票し、また州議会が可決したすべての法律案に署名する、と定めている[29]。州憲法第Ⅲ章第一〇条ではまた、副知事が不在の場合には、州議会の主宰者として、仮議長を指名する。なお、本会議の定足数は、総議員四九名の過半数（二五名）と定めている。

ネブラスカ州では、まず州憲法において、法律案の様式が詳細に規定されている。すなわち、州憲法第Ⅲ章第一四条では、法律案は、二度にわたって読会に付され、提出した時にはその主題を、そして最終議決の前には、その全文を読み上げることになっている[30]。

また同条では、法律案は一つの主題のみを含み、その表題は主題の中で明確に表現されねばならないとしている。さらに、同条では、法律案は提出された後五立法日、また、それが最終議決に付す場合には、一般公示の後一立法日まで、法律案の最終議決を行ってはならず、最終議決に関する賛否は、議事録に掲載されることになっている。なお、すべての投票は「発声投票(viva voce)」による[31]。

州憲法第Ⅲ章第二七条では、議決された法律は会期が休会の後、三ヵ月間は執行されず、すべての法律は会期が休会後六〇日以内に公布され、配布されると定めている[32]。

ネブラスカ州議会は、召集日には午前一〇時に開会される。しかし、それ以降は午前九時に開会される[33]。本会議の審議は一般に、次のような順で行うものとされている[34]。ただし、議長によって別に決定された場合はこの限りでない。

(a) 牧師による祈り
(b) 点呼
(c) 議事録の訂正要求
(d) 請願および建白書
(e) 公聴会および報告書の通告
(f) 最終読会に関する法律案
(g) 決議案

(h)　法律案の紹介および表題の読会
(i)　特別公示に掲載された法律案の審議
(j)　再審の動議
(k)　委員会から法律案を促進する動議
(l)　その他未決定の動議
(m)　議長への伝言を含めて、未決の案件
(n)　一般公示に掲載された法律案の審議
(o)　種々多様な案件

ちなみに、州憲法および議事規則では、議事手続きなどに関して、州議会の秩序を維持し、法律案を含めて案件の処理には、十分な時間をかけることを保証している(35)。

例えば、州議会において、秩序を維持するための議事規則の事例は、討論の制限などにも見られる。すなわち、議事規則によれば、いかなる議員も議長の同意なしに、討論に関する質問について、三回以上にわたり発言することはできず、しかも各発言は五分以上に及んではならない、としている。ただし、法律案の発議者は、法律案を提出するために一〇分間と討論の終わりに答弁として五分間の発言を認められる(36)。

ネブラスカ州議会において、審議の各段階で使用されている名称はさておき、法律を形成する過程は、その他の州のそれとは、基本的に異なってはいない。ただ、一院制を採用しているので、同一の法律案

の審議が第二院で再び繰り返されることがないのは、いうまでもない。

以上の認識を踏まえて、次にネブラスカ州議会の法律の制定過程を検討する。一般に法律案の審議は、以下の順序で進められる。

1 法律案の起草者による準備
2 法律案の提出(州議会の事務総長に提出)
3 法律案の数と表題の読会
4 立法財政陳述書の作成
5 常任委員会の審議(または一般公示へ)
6 公聴会の開催
7 委員会報告
8 一般公示(または無期限の延期)
9 討論(法律案の節ごとの読会、修正案の公開)
10 登録および再検討委員会へ(または無期限に延期)
11 特別公示
12 法律案の清書のため登録および再検討委員会へ(または無期限に延期)
13 最終読会(法律案すべての読会、投票の記録)

14　登録のための審議（または廃案）
15　知事のもとへ
16　知事の署名または知事の署名なしの可決（もしくは拒否権の発動）
17　拒否権の乗り越えまたは継続審議[37]

そこで次に、法律案の審議の過程でとくに重要と思われる主要な段階を取り上げて、これを説明していきたい。

ネブラスカ州における法律の形成過程は、各年の一月に召集される州議会の定例会において議員または委員会が法律案を提出した時から始まる。しかし実際には、その過程はかなり早い段階から、すなわち、議員が新しい法律案に関する考えを練り上げている段階から始まっているといえる。

法律案は、連邦議会やその他の州議会と同様に、議員立法のかたちをとっている。州知事や州政府は、法律案の提出権がないので、政策や考え方が近い議員を通じて法律案を提出する。新たな法律案を考えることは、誰にでも出来ることである。つまり、利害関係のある州民、特殊な利益集団、州の部局および知事は、必要に応じて各々新しい法律案を検討する。だが、それを、州議会で公式に審議するには、議員または委員会の委員長によって「法律案（Bill）」として提出されなければならない[38]。

提出された法律案は適切な委員会に付託され、これを討論し、公聴会を開催しそして修正案を発議し、可決されたなら、本会議に上程される。そして当該法律案は、本会議において最終議決の前に、少なくとも二回は討論に付される。そこで可決され、知事の署名を経たなら、「法律(Law)」となる。もっとも、知事は当該法律案を適切でないと判断した場合には、拒否権を発動して、それを州議会にさし戻すことができる。ただし、州議会は、その法律案を五分の三の多数の議員の投票(三〇票)により拒否権を乗り越えて成立させることができるのである(39)。

**〈法律案の準備と調査〉**

新しい法律案を作成・提出し、既存の法律を廃止または改正することは、議員本来の役割である。法律案は議員とそのスタッフによって議会事務局の補佐の下に、問題点が調査され、可能な限り立法上の関連事項が検討される。議員は自分が意図する法律案の計画を具体化するために、「法令校閲者(Revisor)」のアドバイスを受ける(40)。

**〈法律案の起草〉**

議員は、「法律案の起草者(Bill Drafter)」に新しい法律案に関する自分の考えを持ち込む。法律案の起草者は、議員とともにその考えを法律案としてまとめて適切な法的形式へと変えるのである(41)。いくつかの州とは異なり、ネブラスカ州において提出される法律案は、一つの主題のみを含み、しかもその主題は表題を明確に表示することになっており、また、議員は個人的に是認しかつ支持した法律案のみを提出するよう求められている(42)。

〈法律案の提出〉

議員が提出する法律案の数について制限はないものの、委員会（委員長名で）が提出する法律案の数は会期中、八本に制限されている(43)。議員は、知事の要求に基づく場合を除いて、一月に召集される定例会の一〇日後でなければ、法律案を提出できない。しかし、委員会の委員長提出の場合には、議員の五分の四（四〇人）の要求があれば、法律案を提出できる(44)。

法律案は、州議会の事務総長に提出される。法律案は受け取った順に事務総長によって数えられ、表題が読み上げられ、住民および議員などに供するために印刷に付される(45)。

〈立法財政陳述書〉

一般に、法律の執行にさいして、予算を伴うものが少なくない。そこで、提出された法律案のすべての写しが、州議会の「立法財政分析官（Legislative Fiscal Analyst）」のもとに送付される。立法財政分析官は、各々の法律案の規定を勘案して、州、郡または市の歳入および歳出で予想される変更を見積った財政陳述書を準備作成する。これの陳述書は、一般に「財政覚書き（fiscal notes）」と呼ばれている(46)。

〈常任委員会での審議〉

法律案が州議会に提出された後、立法過程において重要な段階は、常任委員会における審議である。付託委員会を構成している執行運営委員会は、提出された法律案を検討し、適切な委員会または一般公示へとそれらを付託する(47)。法律案が付託委員会によって常任委員会に付託されたならば、法律案の提出者は、法律案の目的を紹介した理由を付して、当該委員会に対し、書面による陳述書を提出しなければならない(48)。

**〈公聴会の開催〉**

州議会の議事規則では、すべての法律案が公聴会の対象となり、公聴会はその日時、開催場所などの情報を、新聞広告などにより七日前までに公示すべきである、と定めている(49)。すべての法律案を公聴会に付すということは、かなり厳しい条件である。しかし、ネブラスカ州議会の場合、軽率なまたは不都合な立法を抑制するとともに、何よりも、開放主義＝公開制を第一の特色としていることを考慮すれば、納得できないわけではない(50)。

委員会の公聴会の場において初めて、州民、行政府の役人および私的利益団体の代弁者＝ロビイスト、法律案の発起人、並びに当該委員会に所属していないものの、関心をもっている議員は参考人として提出された法律案について、賛否の意見を委員会の委員に表明する機会を得ることになる(51)。

委員会における参考人の証言は、記録され、保管され、そして正式な委員会の記録の一部となる。公聴会の後、委員会は「理事会(Executive Session)」(52)を招集し法律案を審議する。そして、法律案を修正案とともに、「一般公示」に送付するのかまたは修正案なしに、法律案を無期限に延長する(廃案)のかを投票で決定する。なお、法律案を本会議に上程するには、委員会の過半数の委員の賛成票を必要とする。

〈委員会報告〉

委員会は審議の結果を、本会議に報告しなければならない。委員会の委員長は、州議会事務局職員の援助を得て、法律案とともに報告書(statement)を最終議決の後、七日以内に報告しなければならない(53)。

〈一般公示および討論〉

一般公示は州議会全体が法律案に関する討論と投票する機会を有する最初の段階であり、それは、他の州議会における「全員委員会(Committees of the Whole)」に相当するものであるといわれる(54)。

この段階で、議員は委員会および議員から提出された修正案を審議する。多くの人々は、一般公示を立法過程において最も重要な段階であると考えている。何故なら、そこでは、討論と修正案を通じて多くの妥協や取引が行われるからである(55)。

法律案の修正案を採択し、それを一般公示から次の段階に進めるには、議員の過半数の票(二五票)を必要とする。

〈登録および再検討委員会〉

一般公示で過半数の議員の賛成票を得た法律案は、「登録および再検討委員会」に付託される。この段階では、法律案の語の綴り、句読点および語句、並びにその他の誤謬が手直しされ(56)、次いで特別公示に回される。

〈特別公示〉

特別公示は、議員にとって第二回目の討論と投票の機会である。この段階では、法律案に対する修正、妥協および意見を述べる機会が認められている。特別公示に掲載された法律案は、無期限に延期されて委員会に差し戻されるか、または次の段階に進む。特別公示の後、法律案は再び、再点検のために「登録および再検討委員会」に付託される。そして次に、法律案は最終読会のために、清書して印刷されるのである(57)。

〈最終読会〉

州憲法の第Ⅲ章、第一四条では、法律案は最終議決の前に、議員の五分の三(三〇票)が要求を撤回する投票をしない限り、事務総長によってその全体を読み上げられねばならないと、定めている。法律案は、最終読会の段階では修正または討論することができない。しかし、「特別修正(specific amendment)」のために特別公示にさし戻すことはできる。既述のように、法律案は、提出後最低五立法日、また最終読会に付された後一立法日を経過しなければ、最終議決に付すことが出来ない(58)。

「緊急条項(emergency clause)」の伴わない法律案は、知事のもとに送付される前に、議員の単純多数の投票(二五票)を必要とする。一方、緊急条項を伴った法律案は、議員の三分の二の投票(三三票)を必要とする。緊急条項とは、法律案または法律案の一部が、知事が署名した後または州議会が知事の拒否権を乗り越えた後、直ちに施行される規定である(59)。

こうして、投票に付された法律案は、議員の投票の過半数を得れば、議長が当該法律案は可決されたと宣言する。

**〈知事のもとへ〉**

最終読会を通過した法律案は、知事のもとに送付される。知事は、日曜日を含めて五日以内に法律案に対する態度を決定しなければならない。もし、知事が法律案に署名するかまたは五日間に何ら措置を執らなければ、当該法律案は「法律(Law)」となる。すでに述べたように、知事はこれに拒否権を発動して州議会にさし戻すことも出来る。ただし、州議会は議員の五分の三の投票(三〇票)で拒否権を乗り越えることが出来るのである(60)。

以上において、法律の制定過程を述べてきた。本節を閉じるにあたって、米国の州議会でしばしば見られる議事妨害と圧力集団であるロビイストの活動について簡単に述べておこう。米国の連邦議会の上院では、議事妨害が日常茶飯事であり、その対応に苦慮している。ネブラスカ州の一院制議会でももちろんそれは存在する。例えば、本会議での討論中多くの修正案と動議を提出することで発言する時間をかせぐなどの手段により議事妨害する等の行為が見られた。しかし、二〇〇二年の議事規則の改正により、法律案の発議者はいつでも討論を終結できるようになった。すなわち、五分の三、つまり議員の三〇票の多数で討論終結の動議を承認するよう要求できることになったのである(61)。

ネブラスカ州でも、圧力集団—特殊利益を代弁するロビイストは活動しており、彼らは州議会との関係を登録しなければならず、登録されたロビイストは州議会の議事録に掲載される。議員は実際には、情報の多くをロビイストに頼っているといわれる。というのも、ネブラスカ州の場合、立場と原理を共有する正式の政党＝会派組織を欠いているからである(62)。ただし、すべての議事手続きが公開され、またすべての投票は潜在的に知れわたっているので、議員が特殊利益によって支配される可能性は限定されているという(63)。

## 5　州議会と州知事との対立

米国では、連邦レベルのみならず、州レベルにおいても厳格な三権分立制をとっており、州知事は州議会に対して直接関与できない。知事は、議会に対して各会期の冒頭に、「教書（message）」の形式によって州の現状に関する情報を与え、知事が必要と考える措置を勧告することで、州政府が意図する法律案の成立を要請する。この他に、知事は特別会の召集権、また議会が可決した法律案に署名するかまたはこれに拒否権を発動することが出来る(64)。これに対して、州議会は、立法権の他に、知事による行政官の任命に対する同意権、公務員選任権および行政府が作成した予算に対する賛否の決定権、並びに調査および監視の手段により、州の行政をコントロールしている。

一般に、州議会において可決・成立する法律の約八〇％は、州政府の意向をくんだ法律案であって、そのため、州知事は議会の最高責任者たちとの良好な関係に努めており、とりわけ、州政府の歳出予算を審議する「歳出委員会」および「歳入委員会」の委員長および委員の意向に留意している。

二〇〇〇年代に入り、全国的な不況の影響を受け、州の税収入が落ち込み、ネブラスカ州政府は財政危機に陥った。

一九八八年に知事に当選した共和党のマイク・ジョハンズ(Mike Johanns)は、小さな政府、財産税の軽減および経済発展を公約していた(65)が、当選して間もなく州の経済条件が悪化したため、州の歳入不足を検討し、その対応策に追われることになった。その結果、州知事は州議会との度重なる衝突を招いた。何故なら、州議員の大多数は州知事が意図していた歳出削減案に強く反対していたからである(66)。

本節においては、州議会と州知事の対立状況＝知事の拒否権発動と議会の再可決の流れを、州の財政問題を事例として紹介する。

二〇〇一年秋、ネブラスカ州の税収入は劇的に落ち込み、その傾向が今後も持続することが予想された。このため、ジョハンズ知事は特別会を召集して、議会の協力を要請することになった。そして、続く二〇〇二年に召集された定例会においても、議会の審議はもっぱら州の財政再建の問題に費やされたのである。知事は、この問題に対応すべく、均衡予算を設けるために、歳出を大幅に削減する計画案を提案した(67)。なお、均衡予算はネブラスカ州法によって定められている(68)。

知事の計画案は、法律案として州議会に提出されたものの、しかし、議会側は州予算の均衡を維持するため、独自の計画案を提示した。その上で、議会側は知事の提案した歳出法律案を数ヵ所にわたって否決し、収入不足の問題を他の方法で解決することを示唆したのである(69)。

こうして、二〇〇二年の第九七議会第二会期において、ジョハンズ知事と州議会は州の財源不足を処理する最良の方法をめぐって、大論争となり、大きな対立を展開した。知事はもっぱら、歳出の削減によって予算の均衡を図ろうとした。しかも、知事は自分の意向が通らなければ、歳出および歳入予算案に対して拒否権を発動すると議会側に「圧力」をかけたのである(70)。

これに対して、議会側は歳出を若干削減したものの、結果的に、均衡予算にほど遠い歳出法律案を提出して、これを可決したのである。その代わりに、議会側は歳入不足を埋めるに十分な売り上げ税と所得税の税率を増額する歳入法律案を成立させたのである。これに対して、ジョハンズ知事が公的発言通りに、その両法律案に対して拒否権を発動したのはいうまでもない(71)。

しかしながら、議会側はそれに屈せず、歳出法律案についてジョハンズ知事の発動した項目別拒否権の六割を再可決し、また、歳入法律案に関する知事の拒否権も完全に阻止して、再可決したのである(72)。こうして、議会側は知事に対して独立性を維持し、行政府側に対する強力な抑制・均衡部門として機能して、優位に立っていることを示したのである(73)。

一院制議会の下においても、知事の行使する拒否権を乗り越えることが容易でないことは、いうまでもない。すなわち、州憲法はそれを行うにあたり、議員の五分の四の投票、つまり三〇票を要求しているからである(74)。しかし、ネブラスカ州の場合、それは必ずしも厳しいものではなかったといえる。例えば、一九九八年に知事は、一四本の法律案に拒否権を発動したが、議会はこれらの法律案の八本を再可決したし、また、一九九九年には、知事が九本の法律案に拒否権を発動した時には、議会側は九本の法律案全てを再可決したのである(75)。

州知事の制度上の権力を計る研究によれば、ネブラスカ州の知事のそれは、全米の州のなかで中間に位置しているという(76)。知事は項目別拒否権を有し、州の予算を組むのに指導的役割を果たす。また特別会を召集し、その日数を定める。しかもかなり数の公務員任命権を手にしている。しかしながら、ネブラスカ州議会では、政党＝会派の不在が知事の持つ権限のいくつかを相殺しており、そのことが州議会をして独立した地位を維持させ、議会側が知事側に対して「力学関係」で優位に立っているといわれる(77)。

なお、知事は、第九七議会の第一会期(二〇〇一年)には、一〇月に特別会を一回、そして、翌年の第二会期(二〇〇二年)には、七月および一一月に特別会を二回も召集して、州議会が可決した歳出法律案などの再考を求めたのである(78)。

## 6　おわりに

一般的に言って、州議会における「権力保持者」として、法律案の生殺の行方に大きな影響力を行使する仮議長および委員会の委員長が挙げられる。しかしながら、ネブラスカ州議会においては、権限の弱い仮議長および委員会の委員長を特色としている。その他の州に比べて、ネブラスカの場合には、仮議長は近年権限が若干強化されたとはいえ、立法上の議事日程と討論の順序に影響力を行使するのみであり(79)、その権限は象徴的ないし儀式的にすぎない。仮議長は、説得力と議事日程の利用を通じて意見の一致を構築しているのである(80)。

また、委員会の委員長にしても、法律案の運命を完全に管理できないのである。何故なら、議事規則では委員会の権限を大きく制約しているからである。確かに、委員会の委員長は、法律案の審議の順番を定め、一般公示に付す場合にも、委員長の意向がものをいう。しかし、公聴会の義務化など多くの制約が、現実に委員長の役割を弱めているのである(81)。

ネブラスカ州議会において、法律案の行方に大きな影響力を有するのは、必ずしも仮議長や常任委員会の委員長ではない。彼らは法律案を形式上管理・運営するものの、実際には議事手続きなどでは、法律案を付託する権限を有する運営執行委員会＝付託委員会の委員長および委員会の委員の配属を決定する権限を握っている委員会に関する委員会の委員長が大きな権力を保有し、それを行使しているといわざるを得ない。実際、これらの委員長職の選挙の時には、多数派工作をめぐって激しい対立が展開されるのである。だが、これらの委員長職の決定にさいして州民やマスコミは蚊帳の外に置かれている(82)。

ところで、州知事が有する拒否権の行使は、対議会との関係を考えた場合、最も論議を呼ぶ行動の一つである。州知事が州議会の制定した法律案に拒否権を発動するのは、その法律案が行政側にとって政策の運営上好ましくない場合である、従って知事はこの権限を注意深く、かつ巧妙に行使する傾向にある。何故なら、拒否権の行使は、議会側との全面的な対決となるからである。州知事は、州全体の代表者として、州の利益を考えて行動する。一方、州議会の議員も選挙区の代表者として、地域の利益を考えて行動する。

しかしながら、ネブラスカ州の最近の事例を検討する限り、前節でも紹介したように、議会側が知事側を押さえ込んだかたちになっている。ネブラスカ州では、立法府と行政府との「力学関係」は、議会側が優位の中で展開されているといってよいだろう。

以上、州憲法および議事規則などに拠りながら、ネブラスカ州議会の立法上の権限、組織、法律の制定過程、そして議会と知事の対立の事例を紹介してきた。最後にいくつかの問題点と疑問点を提示して、結びとしたい。

第一に、非党派性の問題である。ネブラスカ州議会では、議員は民主党や共和党といった肩書きなしに選出され、そして運営されている。しかし、大統領選挙人のみならず、連邦上院・下院議員および知事はいずれも政党の肩書きに基づいて選出されており、その系列は現実に存在する。州議会においても、議員の間には「都市利益」対「農村利益」、もしくは「リベラル派」対「コンサバティブ派」の連合ないし対立は確認されている。それは形を変えた党派といえるのではなかろうか。

第二に、議会は一種の政策決定機関であり、法律案を可決するためには、当然多数派工作が必要となる。その場合、議長や委員長はいかなる指導力をもって票をとりまとめるのであろうか。ネブラスカ州議会は、権限の弱い議長と委員長を特色としている。一般的には、議員としての経験や知識がものをいうという。しかし、それだけでは票をまとめることは困難である。そこには、議員間での利害関係が大きく作用し、票の貸し借りなども見られるという。

そして第三に、委員会に付された法律案は、すべて公聴会にかけられる。それは手間と暇がかかり、議会と議員にとって大変な負担となっている。一九九〇年代から二〇〇〇年代にかけて、毎年開催される定例会において、平均すると八〇〇本程度の法律案が提出され、その中で約三〇〇本が法律として成立している[83]。確かに、公聴会を開催することにより、住民に対する公開性と責任性は保証されるかもしれない。しかし、すべての法律案が公聴会を必要とするほど重要なわけではないだろう。その意味で、公聴会の義務化についても疑問を抱かざるを得ない。

しかしながら、以上の疑問や問題点もネブラスカ州議会が極めて小さな規模であるから、機能が可能なのかも知れない。少数の良く知った議員同士であるからこそ、議員自身も重要な役割を担っているという認識と責任感が強まり、それが議会審議の開放性と効率的運営に寄与しているのであろう。

**【注】**

（1）　Charlyne Berens, *One House-The Unicamerals Progressive Vision for Nebraska* (Univ. of Nebraska Press, 2005), p.3.

（2）　James G. March and John P. Olson, *Rediscovering Institutions: The Organizational Basis of Politics* (Collier Macmillan. Pub. 1989), pp.159-160.

（3）　拙稿「アメリカ州議会の一院制―ネブラスカ州の試み」『レファレンス』第三二〇号（一九八八年二月）、五〇―九〇頁。後に、拙著『国会の再生』（東信堂、一九八八年）に収録。

ネブラスカ州の一院制議会研究の動向は、①政治制度—組織研究から、②政治過程研究を経て、最近では、③政治行動—世論研究に移っている。①を代表するものとしては、John Senning, *The One-House Legislature* (McGraw, 1937)をはじめとして、Harry W. Wade, *A descriptive Analysis of Nebraskas Unicameral Legislature* (Univ. of Kansas, Ph.D, 1969)などがある。②を代表するものとして、John C. Comer and James B. Johnson, *Nonpartisanship in the Legislative Process: Essays on the Nebraska Legislature* (Univ. Press of America, 1978)をはじめとして Kim Robak, "The Nebraska Unicameral and Its Lasting Benefits," *Nebraska Law Review*, Vol.76, No.4(1977)などがある。そして③を代表するのが、Charlyne Berens, *One House-The Unicamerals Progressive Vision for Nebraska* (Univ.of Nebraska Press, 2005)である。ベレンズの著作は、その内容が関係者への豊富なインタビューおよび多様な世論調査の結果に基づいており、最近にない秀作である。本章も多くを同書に負っている。

(4)『合州国憲法』修正第一〇条参照。

(5) 拙著「アメリカ州議会とその改革」『アメリカの政治と政党再編成—「サンベルト」の変容』[勁草書房、一九八八年]、七四頁。

(6) ネブラスカ州憲法　第Ⅲ章—立法上の権限

第一条、州の立法上の権限は、一院制から構成される州議会に帰属する。州民は自ら法律を提案しおよび州憲法を修正する権限、並びに州議会とは関係なく投票で法律および州憲法を制定し、または拒否する権限を保有する。当該権限は、住民発議権(the power of initiative)と称する。州民はまた自ら、州議会が制定したいかなる法律案の項目、条項、または節も投票で承認または拒否する選択権を保有する。当該権限は、住民投票権(the power of referendum)と称する。

第二条、州民が保有する第一の権限は、住民発議権である。……。

第三条、州民が保有する第二の権限は、州議会が制定した法律またはその一部に対して請願によって訴える住民投票である。……(*Rules of the Nebraska Unicameral Legislature* [Legislature, Lincoln, Patrik J. O'donnell, Clerk of the

Legislature, 2006], Rule I, Section 1. 以下、*R of NUL* と略す)。

(7)　その他の州の州憲法における州議会の権限に関する規定については、さし当たり、拙訳「アラスカ州憲法、(その一)」『外国の立法』[第二三巻五号、一九八四年九月]、二六六―二六九頁を参照されたい。

(8)　例えば、議事規則第七条、議事手続きおよび動議の(A)においては、第一節で審議の順番が次のように定めている。

第一節、[会議の時刻、制限]、(a)州議会は、各年の一月の最初の月曜日の後の最初の水曜日の午前一〇時に開催され、またそれ以後は、各立法日の午前九時に開催される。……(b)州議会の審議の順序は、次のように行うものとする。ただし、議長によって別に定められた場合は、この限りでない。a、牧師による祈り、b、点呼、……(*op. cit.*, *R of NUL*, Rule VII, Section 7)。

(9)　議員の定数は、一九三七年から一九六三年まで、四三名であった。しかし、一九六二年の最高裁判所の判決(バカー対カー判決)を踏まえて、一九六五年選挙区の再配分が行われ、都市部に六名の議員が割り当てられ農村部との均衡が図られた(Jack Rodgers, Robert Sittig, and Susan Welch, "The Legislature", D. Miewald, ed., *Nebraska Government and Politics* [Univ. of Nebraska Press, 1984], p.63)。

(10)　*Constitution of The State of Nebraska*, Article III, Section 8(以下単に、*CSN*と略す)。

(11)　*lbid.*, *CSN*, Article III, Section 7.

(12)　*lbid.*, *CSN*, Article III, Section 12.

(13)　*A Look At Your Unicameral* (Unicameral Information, 2006), pp.9-13.

(14)　*op.cit.*, *CSN*, Article III, Section 10.

(15)　*op.cit.*, *CSN*, Article IV, Section 7, *op.cit.*, *R of NUL*, Rule IX, Section 2.

(16)　*op.cit.*, *CSN*, Article III, Section 10.

(17)　Kim Robak, "The Nebraska Unicameral and Its Lasting Benefits," *Nebraska Law Review*, Vol.76, No.4 (1997), p.800.

(18)　*op.cit., R of NUL*, Rule III, Section 3 (b).

(19)　Harry W. Wade, *A Descriptive Analysis of Nebraskas Unicameral Legislature* (Univ. of Kansas, Ph.D, 1969) [Univ. Microfilms., Michgan], p.83, *op.cit., R of NUL*, Rule I, Section 18.

(20)　*Ibid., R of NUL*, Rule III, Section 3, 4, 5.

(21)　立法協議会とは、州議会の会期と会期の間、つまり、休会中に次の会期で審議される立法上の問題を協議する機関である。それは、主要な政策上の調査・活動を行い、州議会に助言を与えることが任務であって、州議会に対して拘束力を有するものでない。ネブラスカ州では、州議員全員がそのメンバーである(拙著「アメリカ州議会とその改革」『アメリカの政治と政党再編成—「サンベルト」の変容』[勁草書房、一九八八年]、八六頁)。

(22)　*Ibid., R of NUL*, Rule III, Section 4 (e), Robak, *op.cit.*, "The Nebraska Unicameral and Its Lasting Benefits," p.800.

(23)　*Ibid*, p.801.

(24)　*Ibid*, p.800, *op.cit., R of NUL*, Rule III, Section 5 (c).

(25)　Berard D. Kolasa, *The Nebraska Political System: A Study in A Partisan Politics* (Univ. of Nebraska, 1968), p.340.

(26)　*op.cit., R of NUL*, Rule I, Section 1.

(27)　Robak, *op.cit.*, "The Nebraska Unicameral and Its Lasting Benefits," p.802.

(28)　J. Rodgers, R. Sittig, and S. Welch, *op.cit.*, "The Legilature", p.71.

(29)　*op.cot., CSN*, Article III, Section 10, *R of NUL* , Rule I, Section 5, 13, 14.

(30)　*op.cit.*, CSN, Article III, Section 14.

(31)　*Ibid*, CSN, Article III, Section 11.

この点について、チャレーネ・ベレンズは次のように述べている。すなわち、「一院制主義者たちが確実に望んだことは、各々の法律案が本会議で二度にわたって審議され、また州民と議員が、最終議決に付される前に、それがいかなる法律案であるのかを熟考する時間を持つことであった。……これらの特殊な規定(specific provision)の大部分の背後にある理念は、法律案が二院制によって審議された時のように、一院制によっても十分に審議されることを確実にすることにあった」(Berens, *op.cit.*, *One House*, p.47)。

(32)　*op.cit.*, *CSN*, Article III, Section 27.

(33)　*op.cit.*, *R of NUL*, Rule VII, Section 1.

(34)　*Ibid.*

(35)　最初の一院制議会の定例会で採択された議事規則の目的は、立法上の責任を確立することにあった(Wade, *op.cit.*, *A Descriptive Analysis of Nebraskas Unicameral Legislature*, p.116)。

(36)　*op.cit.*, *R of NUL*, Rule II, Section 10.

(37)　Wade, *op.cit.*, *A Descriptiv Analysis of Nebraska Unicameral Legislature*, p.117, *A Look At Your Unicameral*, pp.5-6.

(38)　*Ibid.* p.6.

(39)　*Ibid.*

(40)　*Ibid.*

(41)　*Ibid.* p.5.

(42)　*op.cit.*, *R of NUL*, Rule V, Section 2, 4.

この点について、前述のベレンズは、この結果「一括法律案(omnibus bill)は認められず、議員集団が法律案を一緒にまとめることによって議事日程を支配する可能性を阻止し、そして一括条項として当該法律案が州議会を通過することを監視する」ものであると述べており、また、「その要求(個人的に支持する法律案のみを提出)は立法過程を明確にし、かつ制度の操作を阻止することを意図したもの」であると指摘している(Berens, *op.cit.*, *One House*, p.47)。

(43)　*op.cit.*, *R of NUL*, Rule V, Section 4(d).

(44)　*Ibid.*, Article V, Section 4(e)

(45) *op.cit., CSN*, Article III, Section 14, *A Look At Your Unicameral*, p.5.
(46) *op.cit., R of NUL*, Rule V, Section 7.
(47) ここで言うところの「適切な(Appropriate)」委員会とは、案件に対する主題事項の管轄権を有しまたは伝統的に当該案件を処理してきた委員会のことである(*Ibid.* Rule III, Section 4[e])。
(48) *Ibid.* Rule V, Section 4(a).
(49) *Ibid.* Rule III, Section 13.
(50) Robert, Sittig, *The Nebrska Unicameral After Fifty Years* (Lincoln, State of Nebraska, 1986), p.22. なお、ベレンズは、二院制の時代には、議事規則はいずれの院にも公聴会を要求していなかったことを考えれば、「それは、急進的考え(readical idea)であった」と指摘しているが、筆者もこれには同意見である(Berens, *op.cit., One House*, p.45)。
(51) *op.cit., A Look At Your Unicameral*, p.5.
すなわち、いかなる委員会といえども公開された審議なしには、法律案を廃案とすることが出来ないのである(Berens, *op.cit., One House*, p.100)。
(52) 理事会は秘密会である。しかし、マスメディアの代表による取材と報道を認めている(*op.cit., R of NUL*, Rule III, Section 15)。
このように、法律案の議事手続きを公開していることは、州議会が委員会に権限を委任させているのであり、すべての組織の効率性を増大させ、それと同時に有力な委員会のエリート意識と特権を制限する結果となっている(Berens, *op.cit., One House*, p.46)。
(53) 委員会報告書の内容は、以下のものを含む。ただし、これに限定されない。
(1) 法律案の一つの主題および番号
(2) 法律案のために行われた最終的委員会議決の際の点呼投票
(3) 法律案に関する公聴会の日時

（4）法律案に賛成および反対の証言をしたすべての個人および彼らが代表する組織の一覧表

（5）法律案の目的並びに委員会によって記述されおよび修正された法律案の変更に関するすべての主要な規定の説明書

（6）もし、委員会の修正案が提出されたなら、その修正案の写しおよびそれに関する説明書(*op.cit.*, *R of NUL*, Rule III, Section 18 [a])

(54) Wade, *op.cit.*, *A Descriptive Analysis of Nebraskas Unicameral Legislature*, p.129.

(55) *op.cit.*, *A Look At Your Unicameral*, p.5.

(56) *op.cit.*, *R of NUL*, Rule III, Section 4 (d)

(57) *op.cit.*, *A Look At Your Unicameral*, p.6.

(58) *op.cit.*, *CSN*, Article III, Section 7.

(59) *op.cit.*, *A Look At Your Unicameral*, p.15.

(60) *op.cit.*, *CSN*, Article IV, Section 15.

審議の異なった段階において法律案などの可決に必要な投票数は、多様である、以下にその概要を紹介する。

＊委員会からの前進……過半数＝二五票
＊一般公示からの前進……過半数＝二五票
＊最終読会での可決……過半数＝二五票
＊緊急条項の可決……三分の二＝三三票
＊歳出の増大・知事の要求……五分の三＝三〇票
＊知事の拒否権の再可決……五分の三＝三〇票
＊州憲法の修正案の提案―総選挙……五分の三＝三〇票
＊州憲法修正案の提案―特別選挙または予備選挙……五分の四＝四〇票

(Rodgers, Sitting, and Welch, *op.cit.*, "The Legislature", p.67)。

(61) Berens, *op.cit.*, *One House*, pp.95-97, *op.cit.*, *R of NUL*, Rule VII, Section 10.

(62) Robak, *op.cit.*, "The Nebraska Unicameral and Its Lasting Benefits," p.804.

(63) *Ibid*, p.815.

(64) *op.cit.*, *CSN*, Article IV, Section 7.

　州知事の職務、選出方法、および役割については、州憲法の第Ⅳ章で定められている。州憲法第Ⅳ章第六条では、州知事に最高の執行権を付与し、知事は法律を忠実に執行し、並びに州の業務を効率的かつ経済的に管理することに留意すべきである、と規定している。

　このような一般的な行政上の権限を遂行するために、州憲法は知事に次のような特別な権限を付与している。すなわち、①州議会に州の予算案を用意し提出すること、②特定の業務を遂行するために州議会の特別会を召集すること(州議会は、知事の要求したものに関係する事項のみに審議案件を限定しなければならない)、③州議会の同意のもとで、一定の公務員を指名しおよび任命すること、④任命した公務員を解任しおよび補充すること、⑤州議会を通過したすべての法律案または歳出法律案の特定項目に拒否権を行使できること(Susan Welch, "The Governor and Other Elected Executives," Miewald, ed., *op.cit.*, *Nebraska Government and Politics*, p.36)。

(65) マイク・ジョハンズは、二〇〇五年まで州知事を二期務め、その後、二〇〇五年には、その力量を買われて第二期ブッシュ政権の農務長官として政権入りし、日本との輸入牛肉処理問題で活躍した。

(66) Frederick C. Luebke, "Nebraska Politics, 1970-2005," *Nebraska-An Illustrated History* (Univ. of Nebraska Press, 2005), p.375.

(67) 第九七議会第二会期の初頭(二〇〇二年一月一五日)、ジョハンズ知事は州議会において読み上げた「教書」の中で、財政再建について、次のように訴えた。「……我が国および我が州の経済状態は悪化し、そのため州政府の支出を手控え、そして予算を再編成する必要がある。昨年一〇月、私は州議会に特別会を要求し、予算を調整するための計画案を提案した。審議の結果、合計して一億七、一〇〇万ドルの予算削減を承認していただいた。しかしながら、州の事業を推進するには、多くの資金を必要とし、税収入の不足のためさらなる協力をお願いしたいと考える。……州の財源不足に対応すべく、私は四つの原則を提案した。それは、税金は増額しない、学校への州の援助金、メデケィド、公的助成および公的安全は優先的に保護する、予備金には手をふれない。そして特別会において予算の不足を検討したい。……("State of The State Address," *Legislative Journal of The State of Nebraska,* Vol.1 -Ninety-Seventy Legislature, pp.215-216)。

(68) Berens, *op.cit., One House,* p.141.

(69) *Ibid.* 州知事側は、緊縮財政論の立場から、歳出を削減して均衡予算を組んだ。一方、議会側は緊縮財政では州の景気はよくならず、失業者が増大するだけとして、売上税と所得税率の増大を主張した。ジョハンズ知事は売上税と所得税を引き上げるのは最後の手段であると述べて、州民に理解を求めた。ジョハンズ知事は、議会側が可決・成立させた歳出法律案に拒否権を発動したものの、四月末、議会側は賛成三〇票対反対一九票の差で拒否権を乗り越えたのである。ジョハンズ知事の予算削減案は、州の歳出の約一五%もカットするものであり、議会はその案をとうてい飲むことは出来なかった。これに対して、議会側の削減案は約一~二%程度であった(*Lincoln Journal Star,* Nov. 3, 2002)。

(70) 一般に、州知事が州議会で成立する法律に拒否権を行使するのは五%以下であるといわれる(Sittig, *op.cit., The Nebraska Unicameral After 50 Years,* p.25)。例えば、ネブラスカ州では、一九九八年に一一九本の法律案が可決されている。これに対してジョハンズ知事は、一四本の法律案に拒否権を発動した。知事が発動した拒否権の割合は一二%に達するなど、ネブラスカ州における議会側と知事側との対立の強さを浮き彫りにしている(*Nebraska Blue Book, 2004-05*[Clerk of the Legislature Room, 2006], p.413)。

この点について、ネブラスカ州議会一院制議会事務局情報局長のミッチェル・マカトニー(Mitchell M-Cartny)は、「ネブラスカ州では、議会が非党派的に運営されており、知事は政党=会派を通じて議会を支配・操縦することができない。そこで、拒否権を行使することで議会に対抗し影響力を行使せざるを得ない」と、述べている(二〇〇六年一二月一三日のインタビュー)。

(71) Berens, *op.cit.*, *One House*, p.141.

(72) *Ibid.* マスメディアは、第九七議会第二会期が終了するにあたり、「これまで最悪の会期であった」と揶揄した(*Lincoln Journal Stare*, April 20. 2002)。

(73) Berens, *op.cit.*, *One House*, p.130.

(74) Sittig, *op.cit.*, *The Nebraska Unicameral After Fifty Yeares*, p.25.

(75) Berens, *op.cit.*, *One House*, p.141.

(76) Virginia Gray and Herbert Jacob, *Politics in the American States: Comparative Analysis* (CQ, Press, 1996), p.273.

(77) Berens, *op.cit.*, *One House*, p.140.

(78) *op.cit.*, *Nebraska Blue Book*, p.416, 417.

行政サイドでは、州予算の均衡(バランス)を重視している。知事が緊縮予算を組むのは、均衡予算を州法で規定していることもあるが、知事は増税しないという「メッセージ」を州民に示すことによって、公約を果たそうとしているという(二〇〇七年三月二一日、レニ・E・ヘアトン[Lyn E. Heaton]行政予算局長とのインタビュー)。

(79) Rodgers, Sitting, and Welch, *op.cit.*, "The Legislature", p.68. 二〇〇六年の選挙で州議会議員に当選した、前ネブラスカ大学リンカーン校政治学教授のビル・アビリー(Bill Avery)は、議事日程の設定と法律案審議の順序の決定こそが議長が有する最大の権限の一つであると、指摘されている(二〇〇七年三月五日、同議員と事務所でのインタビュー)。

(80) Robak, *op.cit.*, "The Nebraska Unicameral and Its Lasting Benefits," p.800.

二〇〇七年一月、第一〇〇議会で新しく議長に就任した、マイク・フロード(Mike Fllod)は筆者のインタビューに答えて、次のように述べている。「ネブラスカ州議会においては、それほど議長の権限は弱いとは、思わない。確かに、他の州の議長と比べれば、そういえる。しかし、ネブラスカ州議会の場合、議長は法律案の審議順序を決め、優先法律案(二五本)を指定できるのである」と(二〇〇七年三月一九日、議長室でのインタビュー)。

(81) Berens, *op.cit.*, *One House*, pp.79-80.

ベレンズは、「故意に、ネブラスカ州憲法と州議会議事規則は、強力な指導者の地位を定めてない」と指摘している(*Ibid*, p.76)。ネブラスカ州議会においては、議会の権限が「垂直的＝階層的」ではなく「水平的＝共有的」に配分されていると考えられるとの筆者の意見に対して、ベレンズは同意を示している(ネブラスカ大学ジャーナリズム・マスコミニュケーション学部チャールズ・ベレンズ教授とのインタビュー[二〇〇六年一二月一日)。なお、前出のアビリー議員は、委員長の場合はむしろ、公聴会の日程の設定および法律案審議の順序の決定を通じて、影響力を行使していると、述べている(二〇〇七年三月五日のインタビュー)。

(82) Wade, *op.cit.*, *A Descriptive Analysis of Nebraskas Unicameral Legislature*, p.84.

常任委員会の中で、他の委員会以上に大きな影響力を有する委員会として、「歳出委員会」とその委員長が挙げられる。それは、州の予算を定め、州の支出金の使用を管理している「花形委員会」であるから(Berens, *op.cit.*, *One House*, p.109)。

(83) 図表①　最近一〇年における定例会の法律案提出、成立、および継続本数

| 年度 | 会期 | 提出 | 成立 | 継続法律案数 |
|---|---|---|---|---|
| 一九九五年 | 94第一会期 | 八八九 | 二八八 | |
| 一九九六年 | 94第二会期 | 五〇三 | 一八二 | 四〇三 |
| 一九九七年 | 95第一会期 | 八九一 | 三〇七 | |
| 一九九八年 | 95第二会期 | 四七二 | 一一九 | 三九〇 |

| | | | | |
|---|---|---|---|---|
| 一九九九年 | 96第一会期 | 八八三 | 三二七 | |
| 二〇〇〇年 | 96第二会期 | 五六六 | 一五二 | 三九七 |
| 二〇〇一年 | 97第一会期 | 八五六 | 二五四 | |
| 二〇〇二年 | 97第二会期 | 四五四 | 一二三 | 四七二 |
| 二〇〇三年 | 98第一会期 | 八〇九 | 二五九 | |
| 二〇〇四年 | 98第二会期 | 四四六 | 一三二 | 三四四 |

＊二〇〇二年の第二会期には、特別会が二度召集されており、一回目は五二本の法律案が提出され二〇本が成立し、二回目は三九本の法律案が提出され二本成立している(*op.cit., Nebraska Blue Book, 2004-05*, p.413)。

例えば、図表①からも明らかなように、一九九九年の第九六議会では八八三本の法律案が提出されており、その中で三二七本の法律が成立している。つまり、三九％の成立率である。それは、全米平均の約二倍である。その意味するところは、一院制議会が提案された法律案を処理するに際し、大多数の州議会(二院制)よりも効率的(efficient)であるということである(Berens, *op.cit., One House*, p.107)。

近年多くの法律案が提出される傾向にあり、そのため重要法律案の停滞が続出している。そこで、この問題を解決すべく、「優先法律案(priority bill)」が認められている。優先法律案とは、議会の討論の各段階において全ての法律案に先立って、すなわち、その他の法律案の順番を飛び越えて優先的に審議されるものである。委員会の委員は一本、委員会は二本、そして議長は二五本の法律案を優先法律案として指定できる(Berens, *op.cit., One House*, p.89, *R of NUL*, Rule V, Section 5)。

# （資　料）「ネブラスカ州憲法　第Ⅲ章、立法上の権限」

**〔第一条〕**　州の立法上の権限は、一院から構成される州議会に帰属する。州民は自ら法律を提案しおよび州憲法を構成する権限、並びに州議会とは関係なく投票で法律および州憲法を制定しまたは拒否する権限を保有する。州民はまた、州議会が制定したいかなる法律案の項目、条項、または節も投票で承認または拒否する州民自身で選択する権限を保有する。当該権限は、住民投票権と称する。

**〔第二条〕**　住民が保有する第一の権限は、住民発議権であり、それにより、州議会とは関係なく、法律が州民により制定され州憲法の修正が採択される。当該権限は請願によって行使され、そこでは提案された法律案が詳細に発表されている。請願が法律として制定されるためには、それは州の登録した有権者の七％による署名を必要とし、また、請願が州憲法の修正として制定されるには、請願はそのため州の登録した有権者の一〇％による署名を必要とする。いずれの場合においても、請願に署名している登録された有権者は、州の郡における各々五分の二の登録された有権者の五％を含んで配分されていなければならず、また署名の時には請願は州の総務長官に提出され、総務長官は、当該請願が提出された後四ヵ月以内に行われた最初の本選挙で提案された法律案を州の選挙人にゆだねる。同様の法律案は、形式的な内容であれまたは重要な内容であれ、三年間に一度以上肯定的または拒否的のいずれを問わず、発議の請願によって住民にゆだねることはできない。もし、対立する法律案が承認のため同一選挙で住民にゆだねられた場合には、肯定的投票を最も多く得た法律案がそれによって全ての対立する規定に関し法律となる。州議会が制定した法令の範囲と対象とする事項に関する州憲法上の制限は，住民発議によって制定された法令にも適用される。発議に基づく法律案は、一つの主題のみ含むものとする。州議会は、全議員の三分の二以上の投票を得た場合を除いて、当該発議法律案の採択またはそれ以後いつでも同時に、発議によって住民が制定した法律を修正し、廃止し、変更し、または弱めることはできない。

〔第三条〕　住民が保有する第二の権限は、州議会が制定した法律案またはその一部に反対して請願によって訴える住民投票である。ただし、当該法律案の成立時に存在した州政府または州制度の経費に関する支出金についてはこの限りでない。住民投票に訴える請願は、発議の請願のため要求通りに配布され、州の登録された有権者の五％以上の署名を必要とし、かつ委任されるよう求められた法律案を可決した州議会が無期限にまたは九〇日以上休会した後九〇日以内に総務長官事務局に提出しなければならない。各々の請願は、住民投票に訴えた法律案の標題およびそれに加えて、法律案の一部のみが訴えられた時には、節または当該部分を指定している法律案の節または節の部分の数字を添付する。州議会のいかなる法律案または法律案の一部も、各々の住民投票の請願を条件とする。このように、住民投票に訴えられた時、総務長官は当該請願を受理した後三〇日以内に行われた最初の本選挙で承認または却下のため有権者の住民投票にゆだねる。

住民投票が、緊急法律案もしくは公共の平和、健康、または安全の直接的維持のための法律案以外の法律案または法律案の一部に係わる時、前述のように配布された州の登録した有権者の一〇%により署名された請願によって、住民投票が州の有権者によって承認されるまで、当該法律案または法律案の一部の発効は停止される。

**〔第四条〕** 住民投票または住民投票の請願を提出するに先立って、次の本選挙で知事に対して投じられた投票者のすべての数が当該請願への署名への数を算出する基礎とする。知事の拒否権は住民によって発議または委託された法律案には拡大されない。発議された法律案は、そのために投じられた投票者の過半数および当該法律案が提出された選挙で投じられた全投票者の三五%の各数が、それについて賛成票を投じた時、法律または憲法の一部とし、また当該投票の公的点検の後一〇日以内に行われた知事の布告でもって効力を発する。住民発議および住民投票法律案に関する投票は、大統領に関する投票の点検について規定された方法で発表されかつ点検される。本条によって定められた州憲法への修正に服しかつ採択する方法は、本憲法の条項に既述された方法で補遺され、その題目は「修正」としそれはいかなる場合でもこれと矛盾しない内容でなければならない。住民発議および住民投票に関する提案は、自己執行であるが、ただし、立法はその運用を促進するために制定される。これに関して履行する際に、従うべきすべての提案は、非党派的方法で行われ、またその提案が政党または組織による承認または支持を受けた秘密投票に関していかなる支持または示唆もなく行われる。法律案の題目または適切に記述された用語のみが秘密投票で印刷され、また二つ以上の法律案が同じ題目の時には、その法律案は総務長官に提出された順番にしたがって連続的に番号を付され、その番号は類似の請願の最初の署名者の名前に続く。

〔第五条〕州議会は、法律により選出される議員の数を確定しおよび州を立法上の区域に分割する。当該区域を創設するに際し、州議会の二名以上の議員に区域を与えるのに十分な人口を抱えている郡は、隣接しおよび密集した領域から構成されるのとほぼ同様の人口を有するよう区分されかつ明確な立法上の区域に分割される。割り当ての基準は、次回に先立つ国政調査によって示されるように居留外国人を含めた人口とする。州議会は各々一〇年ごとの国政調査の後に、区画をやり直す。当該再区画においては、郡の境界線はいつでも実行可能なものとする。ただし、その他の既定の境界線も州議会の自由裁量で行うことができる。

〔第六条〕州議会は五〇名以下でかつ三〇名以上の議員から構成される。州議会の会期は州憲法により別段の定めがありまたは法律により別段の定めがある場合を除いて一年に一回とする。

〔第七条〕一九六四年一一月に行われた本選挙で、州議会の半数の議員または実際にそれとほぼ同様の議員は、四年の任期で選出され、また残りの議員は二年の任期で選出され、それ以後すべての議員は州議会が定めた選挙方法で、四年の任期で選出される。州議会が再区画した時、再区画に先だって選出された議員は引き続き公務につき、また当該再区画を定めた法律は、必要な場合には議員の任期の均衡を説明する、新しく確定された区画を具体的に述べる。歳費に加えて、各議員は州議会の定例会期または特別会期に一度出席しおよび戻るのに最も通常の道による移動に際し実際の費用に見合う金額を受け取る。州議会の職員は給料または日当以外の報酬を受け取ってはならない。

〔第八条〕 何人も、選出された本選挙の日に、または登録された有権者として任命された日に、二一歳に達せずかつ選出された一年前まで選挙区に居住していない限り、州議会議員職に選ばれる資格は失わない。ただし、当人が連邦または州の公務につき不在の場合はこの限りではない。さらに前述のようにして選出されたいかなる人も当該選挙区から離れた後は公職につくことができない。

〔第九条〕 連邦政府の下で公職に就いているいかなる人、または州政府の下で公職に就いているいかなる人も州議会の議席を手にする資格がない。州議会に選出または任命されたいかなる人も、州議会議員に就任している間または州議会が会期中の間州の公職に就くことができず、しかもすべて当該任命は無効となる。法律で別段の定めのある場合を除き、州議会の任期の終了に先立って、他の州または地方の公職に選出された州議会の議員は、州または地方公職の任期が開始される間州議会の会期の開会に先だって州議会議員を辞職しなければならない。

〔第一〇条〕 一九七五年に開始された州議会の定例会は、各年の一月の最初の月曜日の後の最初の水曜日の午前一〇時に開始され、毎年開催される。定例会の期間は、州議会に選出された全議員の五分の四の投票によって延長されない限り、奇数年には、九〇議会日を越えてはならず、また州議会に選出された全議員の五分の四の投票によって延長されない限り、偶数年には、六〇議会日を越えてはならない。奇数年に開催された定例会の休会に関し州議会によって審議された法律案および決議は、もし当該休会がなかったなら、翌年の定例会で検討される。副知事が議長となるが、ただし、州議会の投票が可否同数の時のみ投票する。州議会に選出された議員の過半数で定足数を構成する。州議会はその議事手続規則を定めならびに議員の選挙、当選および資格の審判者となり、それ自身の役職者を選出するが、その中には副議長が不在、無能力、または知事として行動する時に統轄する議長も含まれる。いかなる議員も、州議会に選出した全議員の三分の二の投票を除いて除名されることはなく、また、いかなる議員も同一の罪に関して二回にわたって除名されることはない。州議会は面前において治安を乱したりまたは人を軽蔑する行為によって州議会に無礼の罪を働いた議員を監禁によって罰することができる。なお、当該監禁は一度につき二四時間を超えないものとする。ただし当人が治安を乱したり、人を軽蔑した行為につきそれを持続しない場合である。

〔第一一条〕　州議会はその議事録を保管し、当該議事録の一部を秘密にするという要求がない限りそれを公表し、また多くの質問に関する議員の賛成および反対は、議員の要望で議事録に記載される。すべての投票は、発声投票とする。州議会および州議会の委員会の戸口は開かれている。ただし、議事が秘密にされると決定した場合はその限りでない。州議会の委員会での議員の賛成および反対は、法律案の延期の事前にまたは不定期に委員会における質問に関して記録されかつ公刊される。

〔第一二条〕　(1)　何人も代表する選挙区にかかわらず、二回連続した任期の終了の後、四年間州議会議員として務めることはできない。

(2)　州議会議員として二〇〇一年以前に務めている者は、本条第一節のおける連続した任期と計算するのに含まれない。

(3)　本条の目的のため任期の半分以上議員として務めた者は、任期を務めた者とみなす。

〔第一三条〕　すべての法律案の表現形式は、ネブラスカ州の住民によって制定され、またいかなる法律も法律案による以外に制定されることはない。いかなる法律案も、選出された全議員の過半数の同意がない限り、州議会で可決されず法律案の最終可決の質疑に関する賛成または反対は議事録に掲載される。

〔第一四条〕　すべての法律案および決議案は提出された時、標題を読み上げられ、またそれについて印刷されたものが各議員の利用のため提供される。

法律案およびそれに関するすべての修正案は最終可決のための投票に付される前に印刷され配布され、また州議会の投票に対し選ばれた全議員の五分の三が法律案およびすべての修正案を全体として読みあげないという場合は除いて全体を読みあげなければならない。

法律案の最終可決に関するいかなる投票も、それが提出された後五立法日または最低一立法日の間最終読会および可決のため公表されるまで行われない。いかなる法律案にも一つ以上の題目が含まれ、またその題目は明確な見出しで表現される。いかなる法律も、新しい法律案が修正された条または節を含み、また修正された条または節が廃止されない限り修正できない。副知事、または議長が議事を主宰するよう行動したなら、審議を行うことが出来る会期中に州議会が可決したすべての法律案および決議案について、州議会の面前で署名しなければならない。

〔第一五条〕　州議会議員は、反逆、重罪または治安妨害を除き、いかなる場合にも州議会の会期中、並びにそれが開始される前、一五日間および終了した後の逮捕をまぬがれる権限を有する。

〔第一六条〕　州議会の議員または州の公務員は、州議会が定めているように、当人が選出されまたは任命された任期中に、または当該任期が終了した後一年以内に制定された法律によって認可された州、郡または市町村との契約に直接的に利害の衝突を有してはならない。州議会は契約に際して、当該利益の衝突の存在を決定する基準および定義を定め、また本条を執行するための許可を定める。

〔第一七条〕　州議会は弾劾に関する専有権を有する。ただし、選出された議員の過半数がそれに関して同意しなければならない。当該手続きは、州議会の定例会または特別会のいずれにおいて開始することができる。弾劾の決議を採択するにあたり、その決議は告発される罪を構成するために申し立てられた行為または不作為に関して適切な通達を与えるが、ただし、特定の表現形式に一致させる必要はなく、それは州最高裁判所の判事以外の公職者の公職名の弾劾に関する通達が、州議会事務総長が直ちに首席裁判官を務め、事務総長は弾劾を審理するための通達を発した後に迅速な方法で首都に会合するためにこの問題に関して最高裁判所の開廷を招集する。州最高裁判所の長官または判事の弾劾に関する通達は、州議会の事務総長によって行われ、首都が置かれている司法区の書記およびその問題に関して書記が当該弾劾を審議するための裁判所として、置けた首都で三〇日以内に会合するため州の地方裁判所の七名の判事を無作為に選出する。その裁判所は、判事の中の一名を議長に選出することで組織される。弾劾された公務員に対する裁判は州議会の名でもって行われ、州議会が任命した二名の上院議員によって運営され、二名の上院議員は彼らが必要だと考える弾劾条項に技術上のまたは手続き上の修正を行うことができる。公判は民事手続きの方法によって行われまた弾劾された公務員は、他に一般的な民事裁判で適用される場合を除き、自分の有罪に対して特権に訴えることは認められない。何人も当該人物が一つ以上明確に罪を犯したことを示唆する明白でかつ確信できる証拠を弾劾裁判所の判事の三分の二が同意しなければ、有罪の判決を受けることはない。ただし、弾劾の公判において判決は公職からの解任以上に拡大してはならず、またこの州において名誉があり、利益があり、もしくは信頼がある公職を保持しまたは享受している資格剥奪に拡大してはならない。なお、弾劾された当事者は、有罪であれまたは無罪であれ決して法に従って起訴されおよび罰せられることはない。いかなる公職者も当該者が弾劾された後は公的義務を遂行することはできず、また当該者が解任されるまで、それについて公示される。

**〔第一八条〕** 州議会は次の問題について地域的または特別立法を可決することができない。それは以下の場合である。

離婚の容認、人の氏名または住所の変更、道路または高速道路の設計、開通変更および労働、道路、町のプレート、街路、小道および公的運動場の立ち退き、郡の議席の確認および変更、郡または町の公職の規制、裁判所の業務の規制、治安判事、警察判事および保安官の管轄権と職務の規制、民事および刑事裁判の裁判の他の変更に関する規定、市、町および村の合併、もしくは市、町および村の憲章の変更または修正、郡区の公務員の選挙、町または市の編入に関する規定、大陪審員または小陪審員の召喚または選出、市、町、選挙区、学校区または他の地方の自治体の公債に関する規定、未成年、または他の身体障害のある者に所属する不動産の売買または抵当権、公立学校の管理に関する規定、選挙の開始と実施、または投票場の規定、娯楽、競技または魚釣りの保護、渡し船もしくは橋に通行料を課すことの認可または免許、罰金、刑罰または没収の免除、公職者が選出または任命された任期の間、公職者の報酬、分け前または手当の増大および減額、相続税の変更、企業、団体、または個人に、鉄道線路を敷設する権利を付与し、もしくは当該目的のため現行憲章を修正すること。

何人であれ、企業、団体もしくは個人の特殊なまたは排他的な特権を付与する。ただし、次のことを条件とする。すなわち、この州憲法の他の規定にもかかわらず州議会は貸し付金および分割払い込み販売を個別に明確にかつ分類し、設けられた貸し付け金または分割払い込み販売の分類の中で最大限の地方税をかけ、並びにそれに関して規制する権限を有する。一般法が通用できるすべての他の事例において、いかなる特殊法も制定することはできない。

**〔第一九条〕**　州議会は公的業務に就いた後、公務員、その執行官、またはその使用人に対しもしくは契約に加わった後、契約者に対し、特別の報酬を与えてはならない。ただし、引退した公務員および雇用人の退職給付金を引退した日の後に生じた生計および賃金水準費用の変更を反映するよう調整されたものはこの限りでない。州議会が定めた報酬を受けている公務員を含めて、公務員の報酬はその職務の期間中を増額または減額しない。ただし、州議会または裁判官に選出または任命された者、もしくは一名以上を有する会議または委員会に選出または任命された公務員、ならびに異なった時期に当該委員の開始と終了の条件、州議会の全議員の歳費、裁判所の報酬または当該会議または委員会の報酬は前任期の開始に増額または減額できる。本条におけるいかなる規定も地方の政府機関が条例によって定期的に規定され付与された年金付金を再検討しおよび調整することを妨げるものではない。

年金計画または制度の下で引退した退職公務員、その執行官代理人、またはその使用人の生存する配偶者は年金を受ける身分を有するものと見なされ、ならびにいかなる時でも後日、当該年金計画または制度の下で退職した他の公務員、執行官、または使用人の配偶者のため規定しまたは利用できる同じ特典を受ける資格を有する。当該特典は、本条およびネブラスカ州憲法第八条第三節の制限によって禁止されることはない。

〔第二〇条〕　州に所属する土地またはそれに含まれる塩源泉、石炭、石油、鉱物、または他の自然資源は譲渡できない。ただし、同類の資源の賃貸契約または開発については、法律で定めることができる。

〔第二一条〕　州の管理の下にある土地は、鉄道会社、私的企業または個人に寄付することは決してできない。

〔第二二条〕　各州議会は、州政府の所要経費に関する支出を決める。また、それが附則のためさらなる支出を決める必要があると見られる時にはいつでも、州議会に選出された全議員の三分の二の投票でもって同種の支出を決めることができる。州議会の議員および公務員の俸給、ならびに州政府の公務員の給与に関する支出を決める法律案には、その他の主題に関するいかなる規定も含めない。

〔第二三条〕　一九七二年に廃止。

〔第二四条〕(1)　本節に定めた規定は別として、州議会は宝くじの抽選券または福引きまたは景品事業に認可を与えない。その場合、参加する宝くじへの対価は、財産の購入、奉仕、もしくは宝くじまたは入場券の金の支払いに関わり、もしくは実質的な運動または時間の出費を要求する。

(2)　州議会は本節の項(3)に従って州の富くじおよび他の富くじ、くじおよび景品事業に認可を与えかつ規制することができるが、それらの事業はもっぱら企業の販売促進を目ざすものであって、当該富くじ、くじ、または景品事業の後援者への利益なしにもっぱら慈善行為または地域社会の向上目的に利用される収益である。

(3)　(a)　州議会はネブラスカ州によって運営されおよび規制されている富くじを開設できる。富くじの収益は、富くじの開設を維持するための費用および州議会によって管理されている以下の目的のため、州議会により専有される。

(i)　賞品および運営費用の支払いの後、最初の五〇〇、〇〇〇ドルは強制賭博援助基金(compulsive gamblers assistance fund)に譲渡される。

(ii)　賞品および運営費用の支払いならびに強制賭博援助基金への当初の譲渡の後に残っている金額の五四・五％はネブラスカ環境信託基金に譲渡される。

(iii)　賞品および運営費用の支払い、ならびに強制賭博援助基金への最初の譲渡の後に残っている金額の五四・五%は州議会が管理する教育のために使用される。

(iv) 賞品および運営費用支払いならびに強制賭博援助基金への最初の譲渡の後に残っている一〇%は、もし公正に設けられている郡の中の最も人口の多い郡市が、譲渡のため利用できる基金の一〇%に相当する補助基金を定めているなら、ネブラスカ州公正委員会に譲渡される。当該補助基金は、市および他の私的または公的機関から入手することができる。ただし、当該補助金のいかなる部分も州によって定められた場合は除く。もしネブラスカ州公正委員会が運営を終えたなら、賞品および運営費用の支払いならびに強制賭博補助基金への最初の譲渡の後残っている金額の一〇%は一般基金の方へ譲渡される。

(v) 賞品および運営費用の支払いならびに強制賭博援助基金への最初の譲渡の後に残っている金額の一%は強制賭博援助基金へと譲渡される。

(b) いかなる富くじもゲームも、ゲームの様式が州議会議員の過半数によって承認されない限り富くじの一部として行うことはできない。

(4) 本節においては、州の中または外のいずれにおいても、掛け金の方法によって、どこで行うとも、競馬の結果の賭事についての認可および規制を定めている法律の制定(a)を禁止すると解釈されない。その場合、当該賭けは認可された競馬場の観覧席の中で、認可された人によって行われまたは認可の適用に先だって最近五年間存在している非営利団体が行っているビンゴ・ゲームの認可および規制を定めた法律の制定(b)によって行われる。ただし、ビンゴ・ゲームは割り当ての基準となっている当該団体の代理人によって行うことはできない。

**〔第二五条〕**　いかなる割合でも、一般雑費のために支出されてはならない。いかなる金額も法律によって定められた特別歳出の目的を除いておよび州議会が管理している場合に提出された免許状の提出を除いて州の財源から引き出すことはできない。またいかなる金額も、特定の目的のためなされた歳出またはいかなる決議によるものであれ、基金から転用できない。

**〔第二六条〕**　州議会のいずれの議員も、討論で話された言葉がどのようなものであれ、民事または刑事訴訟において責任を問われることはない。

**〔第二七条〕**　いかなる法律も可決された会期の休会の終了暦月まで効力を有しない。ただし緊急の場合はこの限りでなく、その場合は、法律の前文または主文の中で表現され、州議会は他の方法で管理され選出された全議員の三分の二の投票でこれを行う。すべての法律は各会期の休会の後六〇日以内に公布され、州議会が定めたのと同じ方法でいくつかの郡の間にそれを配布する。

**〔第二八条〕**　一九三四年に廃止。

**〔第二九条〕**　(1)　米国に対する敵の攻撃、または米国に対する切迫した脅威から生じる緊急事態の時に州および地方政府の運用の持続を保証するために州議会は本憲法とは反対の他の規定にもかかわらず、以下のようなものに関して法律によって定めるための権限および直接的義務を有する。

(a)　すべての公務員の権限と義務の迅速で仮の継承、現職の公務員の業務がいかなる性質のものであれ、また選挙または任命によって充足されたものであれ、攻撃の後それは当該公務の権限と義務を遂行することができるかまたはできないものである。

(b)　戦争または米国において生じた敵がもたらした災害の間またはその後に州議会の定例会または特別会の召集、並びに当該緊急会期に関して、本憲法もしくは州議会の会期の期間を目的に関連しまたは出席または投票が定足数を公正するために、立法上の活動または機能を遂行するのに必要な議員の割合または人数を記述している一般法の規定の停止または一時的変更。

(c)　一時的州政府の所在地、一時的郡の所在地およびその他の政治的部局に関する州政府の一時的所在地の時々の選択および変更、もし敵の攻撃またはそれによる切迫して脅威によって必要とされる場合、利用されるべき所在地。

(d)　敵の攻撃またはそれによる切迫した脅威があった場合、政府の運営の継続に必要な公的記録の決定、選択、再生、保管および分散、ならびに、

(e)　敵の攻撃またはそれによる切迫した脅威があった場合、政府の運営の継続を保証するのに必要でかつ適切とみなされるその他の対策および手続き。

(2)　以上に授与された権限の行使に際して、州議会は本憲法の要求に一致したすべてのことを行う。ただし、州議会の判断において実行不可能であるとまたは過度の延期を認められた内容については除外する。

〔第三〇条〕　州議会は本憲法の規定を実行するのに必要なすべての法律を制定する。

# 第三章　ジョージ・W・ノリスの思想と行動
## ——〝一院制州議会〟の推進者

### 1　はじめに

米国は現在、五〇の州から構成された「連邦国家」である。その中で四九の州は、上院と下院からなる二院制の議会を採用している。しかし、ネブラスカ州のみは、一九三七年に二院制議会から一院制議会に転換した。その後、ネブラスカ州は、現在に至るまで七〇年以上にわたって、四九名の上院議員からなる「非党派的」一院制議会を運営し、これを維持しているのである。ネブラスカ州に一院制議会を導入するに際して、ジョージ・ウイリアム・ノリス(George William Norris)連邦上院議員は、その理論的根拠を提供しただけでなく、一九三四年の州憲法の修正案を推進するにあたって、その中心的運動を担った

ジョージ・W・ノリス上院議員

「革新主義的リベラリスト」であった[1]。
ノリスは、一八六一年七月一一日、オハイオ州のサンドュスキー郡において貧しい農民の子供として生まれた。彼は、苦学してバルドウィン・ウォーレス単科大学を卒業し、その後教師をしながら、バルパラソ大学に学んでロー・スクールの課程を修了し、一八八三年には弁護士試験に合格した。そして、ネブラスカ州に移住し一八八五年検察官となり、一八九五年地方判事に選出された。一九〇二年には、ネブラスカ州選出の連邦下院議員に当選、これを五期一〇年務めた。また、一九一二年には連邦上院議員に転出し、これも五期三〇年務めた。ノリスの連邦議員としての経歴は、四〇年の長期に及んだのである。ノリスは、一九四二年に落選し政界を引退した。そして一九四六年、八五歳で死亡した[2]。
ノリスの連邦議員時代の主要な業績としては、下院議長キャノンから規則委員会の任命権を取り上げて失脚させたこと、落選した連邦議員の任期を短縮した「レームダック」(連邦憲法修正第二〇条)修正案の可決、南部地方の農村の電化を促進したＴＶＡ(テネシー川流域開発公社)の設置、および労働者の権利を守るノリス・ラ・ガーディア法の成立などを挙げることができる。ノリス上院議員は、これらの大きな業績と全国な名声を踏まえて、ネブラスカ州において一院制議会を導入するための州憲法修正案を推進する運動を展開したのである(3)。

この当時、ネブラスカ州における大多数の新聞や州議員は、ノリス上院議員が進める州憲法改正案に強く反対していた。ノリスはおよそ一ヵ月に及ぶ精力的な遊説演説を展開して州内をくまなくまわり、二院制議会の無駄と一院制議会の長所を州民に訴えた。その結果、州憲法修正派は圧倒的票差で勝利を収めたのである。ノリスはこの運動を展開するにあたり、彼に忠実な協力者と彼らの知性を完全に信頼していた。しかしながら、その勝利がもっぱらノリス上院議員の活動によるものであったことは疑いない(4)。

本章の目的は、ネブラスカ州に一院制議会を導入するにあたり、その理論的根拠を提供し、この運動の強力な推進者であった、ノリスの思想とその行動を述べることである。分析手法としては、ノリスの生い立ちやその業績を踏まえて、縦軸に「思想」を設定し、また横軸に「行動」を設定して、当時の史的事実に立脚しながら一院制州議会の推進運動の実態を紹介する。

## 2　ジョージ・W・ノリスの経歴・業績・思想

### (1)　若き日のノリス

ジョージ・W・ノリスはすでに述べたように、一九六一年七月一一日、オハイオ州のサンドゥスキー郡のヨーク・タウンシップに生まれた。父はコネティカット州出身、そして母はメリーランド州の出身で、いずれもオハイオ州に移住してきた貧しい農民である。ノリスの両親は小学校の教育さえ受けておらず、そのため、文字を読むことはできたものの、自分の氏名さえ書くのがかなり困難であった[5]。

両親は子供がたくさんいたことを除けば、すべての面で貧しく、ノリスは一二人兄弟の末っ子であった。父は、ノリスが四歳の時に肺炎で亡くなり、母と姉の援助を得て成長した。少年時代のノリスは、夏には農場で働き、そして冬には学校に通ったのである[6]。

若きノリスは、中西部の小さな農家で穀物を挽く貧困の中で育ったといえる。唯一の喜びは、大金を叩いて買ってもらった「アコーディオン」であり、この他に学校では、かけ算競技会と綴り字競技会への参加、また討論協会に所属して満喫していた。特に、討論協会での活動は、後に複雑な議会手続きに精通する上で役立ち、ノリスは「これは私の人生で最良の教育の一つであった」と述べている[7]。

この間に、ノリスは教育を続ける資金を稼ぐために、数年間学校で教えている。その後、オハイオ州のバルドウィン・ウォーレス単科大学に学び、さらにバルパラソ総合大学に学び科学の学士を得た。弁護士になることを望んだノリスは、バルパラソ大学のロー・スクールに進学し、一八八三年弁護士試験に合格したのである。

その後ノリスはネブラスカ州のビバー市に移住し、一八八五年弁護士を開業した。一八八九年、郡の検察官になるために立候補して勝利し、これを六年間務めた。そして、一八九五年には第一四司法区の判事職に立候補し、寸差でもって共和党の候補に競り勝って当選した。若い判事であったノリスは、農民の債務者の味方となり、彼らを保護するために尽力したのである[8]。

ノリスは一九〇二年、ネブラスカ州の第一選挙区から、連邦下院議員への立候補の打診を受けた。共和党の候補者としてノリスは、現職の人民党―民主党系のA・C・シュレンバーガー(A. C. Shallenberger)と対決し、これを得意の討論会で下して勝利した。ネブラスカ州第一選挙区を代表して首都のワシントンD・Cに乗り込んだノリスは、外観上は特に目立った存在ではなく、中西部の平均的な成功を収めた小さな町の弁護士として、堅実で尊敬できる議員のように見えた(9)。

なお、ノリスは若き検事の時代の一八九〇年にプルマ・ラシュリー(Pluma Lashley)と結婚している。だが、一九〇一年、その妻は三人の娘を残して死亡した。そして二年後の一九〇三年ノリスは、エラ・レオナード(Ella Leonado)と結婚した。しかし、一九〇六年、妻の重い陣痛の苦しみの過程で双子の息子を亡くした。とりわけ、先妻がなくなり男やもめの時には、ノリスは重い病に罹り一種の神経障害を煩い、丹毒の激しい発作に悩まされて死にたいと思ったほどであると、述べている(10)。

連邦下院議員を五期一〇年務めたノリスは、一九一三年、今度は連邦上院議員に立候補し当選を果たし、新人の上院議員として歩むことになったのである。下院議員時代と上院議員時代のノリスについては、次節のノリスの業績の箇所で扱うことにしたい。

## (2)　ノリスの主要業績

ノリスは、何と四〇年に及ぶ長い連邦議員生活を経験した。その中で、まず、連邦下院議員時代の活動から、取り上げることにする。下院議員として、一九〇二年から一九一二年の一〇年間でノリスの最も著しい業績は、下院議長のジョセフ・キャノンを失脚させたことである(11)。

よく知られているように、キャノン議長は長い間下院を支配しており、「ツァー」のように君臨していた。ノリスを中心とする「反乱分子」は議長から、規則委員会の任命権を剥奪する機会を狙っていた。そして、一九一〇年三月一七日、ついにノリスは決議案を提出し、それを可決させることに成功したのである。その決議案は、下院規則の変更を求めるものであり、規則委員会に任命する権限を下院に与え、議長ではないことを明記していた。議長は直ちに辞職願いを出した。この結果、キャノン議長の長期にわたる「王朝」は崩壊することになった(12)。

ノリスも述べているように、キャノン議長の追放劇は必ずしも業績とはいえない。しかしながら、この追放劇によって、ノリス議員の名前ははじめて、国中を通じて新聞および雑誌に掲載され、全国的な評価を手に入れたのである(13)。

一九一二年、ノリスが所属した共和党の主流派は、ノリスにネブラスカの州知事に立候補することを望んだ。しかし、ノリスはこれを断り、セオドア・ルーズベルトを支持し、上院議員に立候補して当選した。そしてこれ以降、ノリスは共和党幹部とは反対の行動をとるようになったのである(14)。

米国政治を学ぶ人々によく知られ、ノリスが大きな責任を担った立法上の改革の一つに、いわゆる「レームダック」修正がある。それは、大統領選挙の後における連邦議会の開会および大統領の就任を、それぞれ一月三日と一月二〇日に早めた憲法修正第二〇条のことをいう。

選挙で落選した任期満了前の議員が、翌年の三月まで職務につく慣習は連邦議会の最初から続いており、多くの人々がその乱用と悪弊を認識していたにもかかわらず、誰も手をつけていなかった。ノリスはレームダック会期の廃止を提唱し、連邦憲法の修正という形でそれを実現した最初の人であった(15)。

ノリスはこの憲法修正案をすでに、一九二三年二月に提出し、上院を通過していたものの、下院では任期満了前の議員によって反対をうけ廃案になった。これ以後彼は、一〇年間にわたって戦いを続け、ついに一九三二年下院で連邦憲法修正第二〇条を可決させたのである。同修正案はわずか一一ヵ月で州の三分の二の承認を得て批准された。そして、その創始者であるノリスは、「憲法修正第二〇条の父」と称されるようになった(16)。

第一次世界大戦以降、ノリスは政治改革、社会立法および公益事業の政府所有のために長い戦いを展開し悪戦苦闘している政治家として、しだいに有名になっていた。こうした中で、ノリスが果たした俯仰不屈の偉大な金字塔は、テネシー川流域開発公社（TVA）の設置であろう。事実、後に大統領となるジョン・F・ケネディも、「彼の最も不朽の業績は公権力の分野のものであり、テネシー渓谷の人々に低価格の電力の恩恵をもたらした長い戦いに匹敵するものはない」と述べている(17)。

それは一九三三年四月、TVA法として結実した。テネシー地域は、ノリスが住むネブラスカ州から千マイルも離れた地域であった。ノリスは水力の政府管理のための運動を開始し、石炭が忘れ去られ水力が電気に変わり、それが我々の明かり、暖房および動力の源の大きな部分を供給する日がくると、予言したのである(18)。

ノリスはまた、労働問題に特別な関心を持っていた。ノリスの氏名が付されている法律案として、有名なものに労働者の権利を保障した「ノリス・ラ・ガーディア法」（一九三二年）がある。当時は、企業に勤務するさい、雇用の条件として労働組合に入らないことを条件とする「黄金契約」が存在していた。ノリスは企業による、この国の裁判所の乱用を正そうとした最初の人でもある。同法は、黄金契約を無効と定め、労働争議にさいして、裁判所が労働者を抑圧する差し止め命令権を制限したものである。今日、米国の労働者が享受している新しい自由を獲得する闘争には、七年の歳月を要した[19]。ノリスはまた、労働争議において、労働者の最も有効な武器となる団体交渉権と争議権（ストライキ）を強力に擁護したのである。

ノリスの古い友人で『リンカーン・スター』紙の編集者であった、ジェームズ・E・ローレンス（James E. Lawrence）は、ノリスの自叙伝の序文において、ＴＶＡをめぐる戦い、連邦憲法修正第二〇条および反・差し止め命令法を主要な三大業績として列挙し、それらは分離しているものの、まぎれもなく全体として関連を有しており、その各々が連邦政策の発展の中で重要な位置を占めていると述べている[20]。

一方、ケネディは、まずＴＶＡを不朽の闘争と業績としてあげた後に、ノリスの生涯を通じて三つの闘争があると述べ、その勇気を称えている。それは、一九一〇年のキャノン「皇帝」の追放劇、一九一七年の軍艦法（Armed Ship Bill）に反対した時の議事妨害および一九二八年の民主党のアル・スミス大統領候補への支持である[21]。

ノリスの業績および闘争は、以上で述べた点に尽きるものでない。それらの概要については、以下に紹介するノリスの民主主義思想の中で角度を変えて展開することにしたい。

## (3) ノリスの民主主義思想

ノリスは自叙伝のタイトルを、〈戦うリベラル〉とした。それは彼の思想を理解するカギであり、また彼の政治経歴の要約でもあった。ノリスの「リベラリズム」は、民主的政府の主要な関心が強者による搾取から、無力な者、弱い者、そして貧しき者を保護することにあるという見解の中に一般化されていたといってよい[22]。

その場合、ノリスのいう「民主主義」とは、政府の基本的目的について、古いタイプの「功利主義理論(Utilitarianism Theory)」に根ざしたものであって、それは生活全体として人々の最大幸福の達成にあった[23]。ノリスは、米国文明の基本的な社会的および政治的規範を受け入れており、弁証法的唯物論や階級闘争の考えには全く関心がなかった。従って彼は、「革命家(revolutionary)」ではなかった。彼は、死亡する直前に「基本的改革が平和裡でかつ合法的手段によって達成されることが最良である」という意見を表明しており、しかも「この信条が民主主義の基本的要石である」と述べた。ノリスにとって、「民主主義とは、議論、説得および投票という平和な方法によって確固とした社会変化を通じての斬新的な過程に他ならなかった」[24]といえる。

連邦議員としてノリスの主要な関心は、立法過程の改善＝民主化であった。ノリスは政党機関による連邦議会の支配と徹底的に戦ったことで知られている。既に述べたように、キャノン議長の追放およびレームダック修正はその成果の一部でもある。ノリスが主として責任を負ったその他の主要な立法上の改革は、次節で詳しく展開する「一院制州議会」であった(25)。

一院制州議会は、最終的に州憲法改正の住民発議と住民投票を通じて、ネブラスカ州民によって採択された。二院制州議会に対するノリスの反対は、立法過程の「開放性(openness)」「簡易性(simplicity)」および「独立性(independence)」に賛同する主張で一貫している。ノリスは、二院制州議会が両院とも同じ階層の人々によって選出され、しかも同じ立法上の権限を有しているので不要であり、浪費的重複を生みだし、かつ責任の所在を転嫁すると、指摘したのである。

とりわけ、ノリスは二院制の避けがたい副産物である「両院協議会」に強く反対し、それは秘密に開かれ、しかも多くの場合立法の内容を書き変え、特殊利益を代表するロビイストの猟場である、と考えた。従って、両院協議会は実際には、第三院であり議会では第三院が最も強力な権限を持っていると、これを糾弾した(26)。

他方でノリスは、効率的で民主的な行政府の主唱者であった。より大きな行政上の効率性に関心を抱いていたノリスは、「メリット・システム(能力主義任用制)」を終生にわたって主唱した。実際、彼の一九〇四年一月一三日の下院における処女演説は、「公務員委員会(Civil Service Commission)」を弁護したものであった。

ノリスは官職任命権(patronage)を手にすることには全く興味がなく、官職任命権を政党への追従を促進し、非能率へとドアを開けておくと同時に、独立精神を押しつぶしてしまう方法であると見なしていた。従って、彼は、官職任命権の運用を米国の公共生活の最大の害悪の一つであると、考えていたのである(27)。

当初、ノリスは善良な共和党員になろうと努めていた。そして、愚直にも自己の信念に基づいて投票し、そして演説することは完全に健全な「共和主義(Republicanism)」であると信じていた。しかし一方で、彼は政党の指導者と明確に意見が異なることに気が付いた時でも、自分の方針を変えるようなことをしなかった(28)。

このため、ノリスは長年にわたって共和党の支配体制に反乱を企て、そして最終的には、無所属として上院の任期を全うした。彼は、二大政党を次のように見ていた。すなわち、「共和党と民主党の政治機関との間には、実際にはいかなる相違も存在せず、米国の生活の害悪であり国民から通行料を取る腐敗的な存在であって、便宜のために政党を利用するにすぎなかった」。そして、「共和党および民主党も腐敗している点は同じで、その手法も目的も同じだと確信する」に至ったのである(29)。

一般にノリスは、政党に対して全く信頼をおいていなかったので、第三党の組織を疑いの目でながめ、そして新しい政党の指導者を引き受けることにも反対した。もちろん、彼は政党を必ずしも絶対悪であると見なしていたわけではない。彼自身は、最初は共和党員として出発している。しかしながら、ノリスは「政党組織による命令が民主的政府の基本原則を否定し、自由な政治制度にとって極めて危険(な存在)である」と考えていた(30)。

民主的立法政策の分野におけるノリスの同情心は常に、貧乏人＝農民、労働者および小企業の人々に向けられていた。一九二三年八月、イリノイ州のフリーポートにおけるアブラハム・リンカーン像の除幕式で演説した彼は、奴隷制に反対する戦いが決して終わってないと、宣言した時、彼の政治哲学の中心課題が鮮明にされたといえる。彼は論じた。「経済的奴隷は、人間によってこれまで確立された政治的奴隷と同様に大きな不正であり、悲惨なものである。我が国民の経済的、政治的、社会的役割が莫大な額の富を連合させることで企業合同を所有する人々によって管理されそして支配されているとするならば、その時、支配されている人々は実際には奴隷である」と(31)。

このように、ノリスの政治生活は「特殊利益」、「ウォール・ストリート」、「独占」および「権力合同」に反対して戦った熱烈な努力によって貫かれていた。その意味で彼は、最初から最後まで、そして常に「反・独占の革新主義者(anti-monopoly progressive)」であったということができる(32)。

ノリスはまた、国家経済における農業の重要性および生活に関する農業的方法の道徳的価値について、ジェファーソン的哲学をいだいていた。実際、ネブラスカ州の地方判事として二期務めた時代に、彼は無一文で農場を抵当にした債権者に著しい同情を示した。彼は米国の農業問題に多くの注目を寄せ、農業過剰生産物を処分するために連邦権限を利用することに賛成していた。彼はまた、農業協同組合および農村電化の発展への積極的提案者であった(33)。

ノリスは米国の外交政策について見解を述べるさい、決して断定的な発言をしなかった。しかし、彼の連邦議員としての政治経歴の中できわだっている特徴は、第一次世界大戦における米国の参戦への強固な反対と、これとは対照的に、第二次世界大戦での米国の役割への忠実な支持との間の相違である(34)。

この立場の変化についての合理的説明は、連邦議員としての二〇年の歳月の中で、ノリスは多くのことを学び、そのために彼は態度を変えたのである、というものであった。だが、これは彼が述べた説明のすべてではない。ノリスは、一九一七年の時点での自分の立場と国際連盟への加入に対する後の反対について、何ら詫びたりしなかった。彼はまた最も直近の立場を正当化した。言い変えれば、ノリスは両方の時期とも正しかったと主張したのである。

ノリスの説明によれば、「事情が全く異なるというのである。すなわち、一九一七年には、米国の国土に到達している戦争への直接的な恐れは何ら存在していなかった。しかし、一九四一年の段階では、最も危険でかつ卑劣な状況の下で真珠湾での米国に対する日本の戦争行為に係わるものであったし、しかも翌日には、ドイツとイタリアが米国国民に対して戦争を宣言したのである」(35)。

過去一世紀以上にわたって、米国政府の完全無欠の象徴は、最高裁判所であった。最高裁判所へのノリスの批判は、ニューディール政策に反対する判決によって強められた。彼は、「最高裁判所の単純多数でもって連邦議会の法律案を憲法違反であると宣言すべきではない」と主張したのである(36)。

さらに、ノリスは次のように最高裁判所の判事を批判した。「最高裁判所の判事たちはいかなる機関によっても選出されていない。彼らは誰にも責任を負わない。だが、彼らはすべての機関に対する支配権を保持している」と(37)。

ノリスは、「独占、特殊な特典、略奪的利己主義利益は、ホワイトハウスと連邦議会では、その圧倒的影響力を失ったものの、彼らは連邦最高裁判所を最後の砦にしている」と述べた。そして、最高裁判所を改革して判事を生涯でなく一定期間のみ任命することを提案したのである(38)。

ノリスの民主主義論の最後として、彼の人種観に言及しておきたい。ノリスは、上院議員の直接選挙と大統領選挙人団の廃止をうたっていた一方で、同時に黒人の選挙権剥奪に強い憤りを示していた。すべての国民による公職者の選挙は、ノリスにとって、人種もしくは肌の色に関係なく、すべての国民による選出を意味した。彼は、再建時代の政策の悲劇を認識していた一方で、教育と訓練を通じて、黒人が今や市民権の責任を担える準備ができたと考えた。従って、当然のことながら、ノリスは南部地方に残っている人頭税には反対したし、また反リンチ法にも反対し、連邦議会においてこれらの法律の撤廃を強く迫ったのである。彼は、これらの悪法が連邦憲法の精神に違反しているだけでなく、それは人種的反目をおこさせることによって、黒人を良い方向ではなく悪い方向に導くものである、と信じていたのである(39)。

# 3　ジョージ・W・ノリスと一院制州議会推進運動

## (1)　ノリスと一院制州議会の構想

ジョージ・W・ノリスが最初に一院制州議会に関心を持った時期を正確に定めることは出来ない。ただ、ノリスの自叙伝によれば、彼が最初に関心を抱いたのは、ネブラスカ州のファナス郡に移住した一八八五年から一九〇〇年の間であるとしている(40)。

ノリスはこの辺の事情を次のように述べている。「その当時、私ははじめて一院制州議会に関心を持った。そして、私の関心は連邦議会の下院五期および上院への勤務を通じて続いていた。連邦上院議員の第四期目の中途で、私はネブラスカ州が不合理でかつ扱いにくい二院制議会を廃止し、それに代わって一院制計画に変えることを切望した」[41]。

ノリスの一院制州議会への最も初期の記録は、一九二三年一月二八日付けの『ニューヨーク・タイムズ』に掲載された「州議会のモデル」という表題の論文である。同論文には、〝各州にとって一院制州議会は、向上的成果を生み出すであろう。ネブラスカ選出の上院議員は、二院制を廃止して得られる利点を提示し—二院制による長期的遅滞と腐敗した勢力が一掃される〟という長文の副題が付されていた。

「州議会のモデル」と題するノリスの論文は、①州議会は一院で構成するべきだ、②州議会の議員定数は少なくすべきだ、③州議員の歳費は増額すべきだ、④提案された計画は経済的にも安上がりとなる、⑤党派は排除されるべきだ、⑥立法手続き上の悪弊を除くべきだ、という六つの小見出しからなっている。この論文には、一九三四年に展開した一院制議会運動に関する基本的論議のすべてが含まれている[42]。そこで、すでに第一章でも紹介したが、極めて重要であるので以下に再度その内容を紹介したい。

### 1　州議会は一院で構成するべきだ

各州の一〇〇年以上に及ぶ経験は、二院制州議会が少なくともいくつかの州に関する限り、その成果という点では不十分であることを立証している。まず、州議会が果たすべき基本的任務の一つは、提出された法律案の成立または廃案について、責任の所在を住民に正しく示すことである。

二院制を採用している州議会の多くでは、実際には法律案の最終的な仕上げは両院協議会で行われる場合が少なくない。二院制州議会の下では、上院と下院が法律案の内容をめぐって対立し、そのため法律案は両院協議会に持ち込まれ、そこで法律案の行方が左右される場合が多く、それは極めて重要な機関となっている。

これまでの経験によれば、両院協議会という密室の中で、法律案の全体的効果を弱めかねない修正がほどこされ、そのため本来の立法趣旨とはかなり異なる内容の妥協案が出来上がってくる。そこでは、法律案の成立を促進するために種々の妥協が行われる。しかし、その経緯は秘密会のためまったく不明である。両院協議会で決定された内容に関する賛否は記録をとることもなく、また一般の議員はそこでの審議から排除されている。両院協議会から出てくる内容は、最終的な修正案のみである。従って、その経過について一般住民は、正当な判断を下すことができない。

これに対して、一院制州議会の下では、以上で述べた困難のすべてが除去され、議員は提出された法律案への投票に際して、賛否の態度をもはや隠すことができなくなる。こうして、投票記録が有権者の意に満たない場合には、選挙の時にこの議員をしりぞけ、一方それが称賛に値するならその議員を支持することが容易となる。

二院制州議会の下では、一方の院が他方の院へと立法上の失敗を転嫁することは、普通に見られる現象である。すなわち、法律案不成立の責任は二分され、審議に加わった議員は、自身の行動記録を隠すために議事手続きを不当に隠れみのとして使う。他方、一院制州議会の場合には、議員の投票記録が正確に示され、議員は一般の住民が理解できないような議会戦術や議事手続きを悪用することはできなくなる。

一院制州議会の下では、すべての投票行動が単純化され、一般の住民はたとえ議事手続きの専門家にならなくても、議員が関係している立法上の問題を正当に判断することができるようになる(43)。

## 2　州議会の議員定数は少なくすべきだ

米国の州議会が有する欠点の一つは、全体的に議員の定数が多すぎることである。理論的には、議員の数が多い方がすべての住民を完全に代表できると考えられる。しかし実際には、議員定数が多いということは真の代表性を損なうことが立証されている。

より多数の議員集団の存在は、何らかの立法上の成果を得るために、個々の権利や特権を放棄させかねない。つまり個々の議員は、重要な法律案に対して修正案を提出する機会を奪われ、実質的な決定権を委員会に委ねざるを得なくなるからである。

一例をあげれば、ワシントンD・Cにある連邦議会下院の実態もこの点では変わりない。確かに、連邦下院議員の中には、すぐれた良心的な人々も少なくない。しかし、彼らはその職務を十分にまっとうしているとはいえず、きわめて不満足な状況に置かれているのが現実の姿である。

連邦下院議員たちは、多くの重要な法律案を審議するに際して、議事規則やその他の方法により、修正案を提出する権利を制限され、また質問する権利や過ちを指摘しそれを訂正する権利すら奪われている。その結果、彼らは深い失望を味わされるだけでなく、最終的に法律案への態度を決定する場合にも大きな過ちを犯すことになる。

州によって、議員の定数をどの程度にすべきかは議論の分かれるところである。しかしネブラスカのような州を例にとるなら、議員の定数は二〇〜三〇人を超えるべきではないと考える。この程度の人数であれば、どの議員も審議に実質的に参加することができるし、また法律案の制定にあたっても可能な限りすぐれたアイディアを提供できるであろう。さらに議員の定数を少なくすれば、それだけ個々の議員の行動を十分に監視できるようになり、住民も議会の記録と情報を入手しやすくなる(44)。

## 3　州議員の歳費は増額すべきだ

既存の条件の下では、州議会に善良ですぐれた人物を確保することはきわめて困難である。というのは一般の議員は、歳費の額があまりにも少ないため(年間三〇〇ドル)、自分の仕事を放棄してまで州議会に出席しようとしないからである。その結果、望ましくない人々が議員になったり、たとえ望ましい人物が議員となったとしても、その議員は大部分の時間を生活費を得ることにあてねばならず、実際には州議会の審議には参加できなくなる。

確かに、州議員となった人々の中には正直で有能なものもいる。しかし彼らは概して、ロビイストや腐敗した勢力によって惑わされやすい。彼らは州議会には出席するものの、しかしそれは短い時間であって、他に生活のための仕事を抱えているので、議員としての職務はどうしてもおろそかになりがちである。

州議会の議員には、生活が維持できるような十分な歳費を支払うべきである。そうすれば議員は、その時間をもっぱら職務にあてることができるようになる。そしてこのことが、ひいては、すぐれた人物を議員職へと引き寄せるだけでなく、議員によい仕事をさせる結果となる。従って、議員には、その時間を議会活動にあてることができる十分な歳費が支払われるべきである。

なお、ノリスによれば議員は四年の任期で選出されるのが望ましく、議員の任期を余り長くするのはよくないという(45)。

## 4　提案された計画は、経済的にも安上がりとなる

以上において描いた計画は、よりよい立法を生みだすと同時に、納税者にとっても経費の節約となる。州議員に州の職員の俸給とほぼ同額の歳費が支払われるなら、議員は自己の職務に専念することができるのみならず、よりよい議員を確保できるので、結果として経済的にも安あがりとなる(46)。

## 5　党派性は排除されるべきだ

州議会の議員は、政党の推薦やラベルによらないで党派色を消して選挙区から選出されるべきである。州議会の仕事はある意味では、党派とはほとんど関係のないたぐいのものである。議員は全国的な政治

派閥集団と結びつくことが多く、それは州政府の運営や州の立法を促進する際に大きな弊害となっている。

政党の勢力から州議会の審議を、完全に分離すべきである。党派政治とはかかわりのない州議員を選出することは、必ずしもむずかしいことではない。また議員の定数も少なければ、それだけ党派にしばられずに、州議会を運用することができるようになるであろう(47)。

## 6　立法手続き上の悪弊を除くべきだ

ここで描いた州議会は、二院制州議会や人数の多い議員から成る州議会に比べて、腐敗した勢力から身を守ることが容易となる。

腐敗した議員や実際には特殊な利益を代弁している議員は、常にその行動を隠蔽する機会をさがしまわっている。二院制議会の下では議員が見破られないままに、不正な取引に応じる機会を与え、また責任を他に転嫁させることになる。議員は種々の議会戦術や議事手続きを通じて、また多くの場合両院協議会の手段を悪用して、正直な住民をあざむくのである。

このような詐欺的行為の機会が存在しないなら、上で述べたたぐいの議員は候補者として立つことができなくなるであろうし、また、たとえ当選できたとしても、一期のみしか議員職を務められないことを身をもって知るであろう。

こうして不正な議員は減少し、不正を試みる議員が勢力を失い、州の有権者たちは不正への誘惑のない自由な州議会を持つことになるだろう。

もちろん、我々は実際に小さな州議会のほうが大きい州議会に比べて、より買収されやすく、また一院制度のほうが二院制度よりも簡単に腐敗勢力の支配を受けやすいことを知らないわけではない。

仮に買収する機会と腐敗勢力が、二院制あるいは一院制の場合でも同じであるとするなら、この見解は正しいといえる。しかし、住民の目を欺こうとする議員がその痕跡をかき消すことができなくなった時に、さらには議員の倫理が州の住民の最高の域にまで到達した時には、上で述べた見解は直ちに根拠を失うであろう(48)。

## (2)　ノリスと一院制州議会の推進

ネブラスカ州においては、すでに一九一〇年代から一九二〇年代にかけて一院制州議会を設置するという各種の提案がなされていた。しかし、それには反対論も根強く、提案はすべて葬りさられていた(49)。こうした状況を打開するために、ノリスは州の問題にすべての時間をさくべく、一九三〇年に一時連邦上院議員を引退する考えを抱いていた。それは当然、一院制州議会の推進運動を進めるためである。

実際、ノリスは、一九三一年にネブラスカ州に戻ることを望んでいた。彼は大きな計画をいだいていた。その計画を実現するためにネブラスカ州の知事になろうとさえしていた。彼は、私的利益または政党の利益のため偏狭な政治家によって支配され、その形態において今や完全にすれ切れた状態の州議会の改革を望んでいた。ノリスは非党派的名簿により、少ない候補者、すなわち、選挙でもって選ばれた二五名の議員からなる州議会を創設することで、一挙に州政府を変更することを考えていたのである[50]。

しかしながら、実際にはノリスはこの選択肢をとらなかった。一九二三年から一九三三年の間には何も生じていないからである。この一〇年間は、ノリスにとって一院制州議会の問題が発酵状態にあったといえる。だが、それは決して沸騰点に達しなかった。前節でも述べたように、連邦議会において、ノリスは社会改革の実現のため多忙であり、手がまわらなかったというのが実情である。しかしながら、彼の心の中には、常に一院制州議会の理念が潜伏していたのは間違いなかった[51]。

ニューディール政策が実施に移されるに至って、ノリスはようやく解放されたといえる。一九三二年の選挙でリベラル派の上院議員が選出され、仕事の一部を彼らにまかせることができるようになり、ノリスも息をつく暇と時間がとれたのである。彼は、一〇年間にわたって暖めていた計画を実施に移す機会を、つまり一院制州議会の問題に関してネブラスカ州へ遊説する機会を手にしたのである[52]。

一九三三年一二月二一日、ノリスは州憲法修正案の原文を起草した。この最初の草案では、一院制議会は二一名の議員からなり、非党派的投票で選出され、各議員には年二、四〇〇ドル支出される、などと記述されていた。越えて、一九三四年二月二二日、ネブラスカ州のリンカーン市のコーンハスカーホテル(Cornhusker Hotel)の講堂で公聴会が開催された。ノリスはこの会合で演説するために、ワシントンD・Cから戻っていた[53]。

ノリスはその会合で自分の提案を示し、そして「モデル州議会委員会」が最終的な州憲法修正案を起草するために形成された。委員会はノリスが最初に起草した修正案をしぶしぶ受け入れた。委員会は、州議会の議員の数の増大、歳費の額の増大を主張し、そして投票者によって成立が危険にさらされた場合には、修正案から非党派的特色を削除することを望んでいた(54)。

ノリスは、最初の二つについては妥協をいとわなかった。しかし、彼は非党派的条項についてはがんとして譲らなかった。ただし、その条項は皮肉なことに、一院制州議会の本来の特色とはいえなかった。結局、その条項は残り、次のような修正案が提示された。

「三〇名から五〇名の議員で構成される一院法定機関について、それに年俸三万五、〇〇〇ドルを与え、非党派的秘密投票に基づき、一名の選挙区から選出される。法律で別段の定めのない限り、二年ごとの会期とする。副知事を議長に任命する。法律案の提出に関する二一日制限の廃止、法律案の成立に関する最終投票は、法律案提出後五日間経過し、かつ最終読会のための公示に付され可決の前に最低一日置かなければ、行うことが出来ない。投票の記録は一名の議員の要求に基づき、質疑に応じなければならない。また、その院によって決定された議員に従い、州の選挙区割を一九三五年州議会に要求する。一院制州議会の最初の会期は、一九三七年一月に召集する」(55)。

こうしてノリスは、ワシントンD・Cに戻り、委員会はドナルド・ギャラハー(Donald Gallagher)を必要な住民投票および住民発案への署名を得る責任者に選んだのである。住民発案にこぎつけるために、有権者から一定数の署名を集めなければならなかった。州法は住民発案の要件として、宣誓供述書に住所を明記した署名者と、一枚の供述書には署名は二〇名以内とするなどと、細かい要件を定めていた。住民発案のために必要な署名者の数は、州法の規定により、州の九三の郡の三分の二以上から六万五千人集める必要があった。ただし、安全な数は九万五千人であった。ノリスは後に、これは運動を推進するにあたって最も困難な作業であった、と述べている(56)。

他方、一九一三年以来、ネブラスカ州では一院制州議会の構想について、著しい反対論議が存在したことを忘れてならない。そして、その運動もまた、一九三三年に頂点に達していたのである。州は大恐慌と干ばつに見舞われていたものの、しかし、このような状況に対して、二院制州議会は何ら有効な対策を講じることが出来なかった。

当時の世論調査などの結果を見ると、次のような結果がでている。一院制州議会もしくは二院制州議会のいずれに賛成かという全国的世論調査では、一院制州議会に対して三分の二の人々は反対していた。ネブラスカ州では、政治学者は一院制州議会に賛成したもの、州議員はこぞってこれに反対していた。新聞は三対二の割合で反対であった。一院制州議会の賛成派は、米国労働同盟、女性有権者連盟などであり、州知事のチャールズ・W・ブライアン(Charles W. Bryan)は、一院制州議会に「個人的支持」を与えていた。また『リンカーン・スター』の編集長のジェームズ・E・ローレンス(James E. Lawrence)も一院制州議会を積極的に支持していた。

しかしながら、州内の新聞はその多くが反対派であった。一院制州議会修正案への反対を主導していたのは、オマハ市のある『ワールド・ヘラルド』紙であった(57)。ノリスは、一院制州議会に反対したのは「ネブラスカ州の新聞、銀行の多数、法律家、公益事業者および鉄道会社であった」と述べている。なお、ノリスは後に州内を遊説した際には、彼の反対者として、「ネブラスカ州の両政党機関、現状維持派、権力を持った合同企業、政治家および特殊利益団体、ワールド・ヘラルド紙、結集した現状維持派の共和党員および民主党員、並びにオマハの政治家」などに言及している[58]。

## （3）ノリスの遊説演説とその分析

一九三四年六月、召集されていた連邦議会は閉会となり、九月に入り、ノリスは妻と二人でワシントンD・Cからネブラスカ州に戻った。しかし、その途中ウィスコンシン州で夏を過ごすため自動車で旅行していた彼らは、ペンシルバニア州のムンシー町で交通事故を起こした。彼の車は九歳の少年に衝突し、死亡させてしまったのである。このため、ノリスは精神的に強く撃ち砕かれた。九月にネブラスカ州に到着したノリスは、その人生の中で最も厳しい運動を展開するにあたり、七三歳という高齢に加えて、自動車事故によって気落ちしていたのである[59]。

だが、ノリスはネブラスカ州内のあらゆる地域に車で出かけて精力的に一院制州議会推進運動を展開した。ノリスの遊説運動は、州内の大きな規模のほとんど全ての町において行われた[60]。

この遊説運動において、ノリスは州全域において一〇月八日から一一月五日まで約一ヵ月の間に四〇回も演説をこなした。当時の新聞の説明によれば、この運動でノリスの演説を聴いた人々の概算は、二万から三万人と見積もられている。その他に、ラジオや新聞などで演説を聴いたり読んだ人々もたくさん存在する[61]。

ノリスはあらゆる種類の集会所で演説し、男性、女性、農民、牧場主、企業家および労働者に向かって演説を行った。また、彼は要請された様々な農民組織、女性クラブ、商工会議所、教会集団、奉仕クラブに出席して説明し、民主党主宰の下でも演説を行ったのである。いうまでもなく、彼は正式には、「共和党員」であった(62)。

一院制州議会推進運動が最終段階に入った一一月三日(土)、四日(日)および五日(月)の様子を紹介しておこう。ノリスは土曜日にオマハ市で三回、また日曜日にはリンカーン市で一回演説を行った。すなわち、彼は土曜日の昼にフロンタニルの昼食会で演説をし、午後は『ＷＡＡＷ』ラジオで演説した。夜は、市の公開堂で『ＫＦＡＢ』と『ＫＯＩＬ』ラジオで演説をした。そして、日曜日の午後にはリンカーン市の『ＫＦＡＢ』ラジオで演説をした。投票前日である五日の月曜日は最後の嘆願をするため、当時住んでいたマコーマック市に舞い戻った。ノリスは、地元の新聞紙の記者に次のように告げている。

「このような非常に活発な運動を行った後でも、私は十分に元気である。もし必要ならば、私は明日も州で再び一院制州議会のため立ち上がり、そして運動を遂行するつもりである」(63)。

マコーマック市では、ノリスはテンプル劇場において、一、〇〇〇名のサウスウェスト・ネブラスカ州民を前にして最後の締めくくり演説を行った。この会合はチャンベラ市長が主宰し、商工会議所によって準備されたものである。プログラムが開始される前に高校生による楽団が劇場の前で演奏して雰囲気を盛り上げた。この演説はいわば、州憲法修正運動の頂点であった。それはあまりに劇的であったので、『デイリー・ガゼット』紙は、ノリスの演説を〈勝利もしくは死〉かと引用し、次のように報道した。

「感情で揺さぶった声で、ジョージ・W・ノリス上院議員は、昨夜およそ千人のサウス・ウエストの有権者に語った。自分はもし有権者がネブラスカへの一院制州議会を任じる私の提案に対して否決するならば、今日の投票を照合する前に、目を閉じて死を選ぶだろう」(64)。

それでは次に、ノリスの演説の内容分析に移りたい。当時の新聞記事によれば、ノリスの演説の構成は、一般的には、すべての状況のおいて同一のパターンに従っているという(65)。すなわち、序文の後に、「上院議員ノリスはすべての前置きを省略して、直接主題に入りこんだ」。その場合、主題に入りこむということは、彼の選挙区民へ修正案の合意を説明することを意味した(66)。

ノリスは演説の最初に、以下のことをまず話している。「もし、修正案が可決されれば、三〇名から五〇名の一院制機関で、彼らは非党派的無記名投票で選出され、議員の歳費は少なくとも現在の二倍となり、毎年議員に配布される額は三万七、五〇〇ドルとなり、またいずれの議員の未決の法律案に点呼投票を要求されるだろう」と(67)。

その後で続けてノリスは一方で、いくつかの二院制度の短所を指摘し、そして他方で一院制の長所を激賞した。彼は自分の主張を提示し、その上で三〇年にわたって彼を支持してきた人々に直接個人的に訴えることで、最後を締めくくったのである(68)。

ノリスは、彼の提案への注目を確実に集めるために、「ユーモア、闘争、核心、および新規さ」を多用した。その際、ノリスは反対派を〈現状維持派〉、〈権力合同〉、〈職業的政治家〉、〈特殊利益〉および〈腐敗したロビイスト〉といった言葉で激しく攻撃した。例えば、彼はロビイストの仕事がどうして誤魔化しと欲望の物語になるかを説明することによって、党派性と二院制度を批判し、これは「腐敗の盾」であり、「党派性は今日の我が政府の最大の悪である」と宣言したのである(69)。

また、議論を有利に展開するために、ノリスはその訴えをよく知られている親しみのある用語で埋めている。つまり彼は、州憲法修正案を「進歩的(progressive)という言葉で語り、しかも州民に対して、それは「民主主義(democracy)」をもたらすものであると、説明している。そして、「それは、野蛮な状態から、文明化への人類の進歩における他の偉大な歩みである」と結論を下しているのだ(70)。

ノリスの演説を詳細に分析したフィリップ・K・トプキンズ(Phillip K. Tompkins)は、次のように述べている。「ノリスの演説の論理的展開は本質的には帰納的であった。もし、基本的となる前提が受け入れられるなら、彼の一般化は正当なものであった」。ただ、彼は根拠を示し、類似を多用するのはよいとしても、一方で、感情的に芝居がかって論じるという欠点を持っていたと指摘している(71)。

その上でトプキンズは、「ノリスによって行われた最強の訴えは、論理的立証の枠組の中にあった。彼は文字どおり、一院制を彼自身および彼の選挙区民との間の個人的問題に仕上げたのである。彼は過度に芝居がかったとか、彼の倫理的立証と影響力を高めるために、以前の業績を自慢したとか、また彼の主張に実際に関係なく同情心を求めた故に批判もされた」。「しかし、ノリスは彼が演説したあらゆる聴衆から好意的な直接の反応を得た」(72)。こうしてノリスは、彼が提案した州憲法修正案に賛成の投票を促し、いまだ態度を決めかねていた多くの人々を説得することに成功したのである(73)。

## 4　おわりに

一九一三年から一九三四年の間に、ネブラスカ州においては、一院制州議会について確認できる大きな世論喚起とそれに対する支持が存在した。この運動は、一九三四年に頂点に達した。不況、干ばつ、および無能な一院制州議会への不満が存在していたので、ネブラスカの州民は新しい何かを試みる気分とそれに対応する準備ができていたといえる。

一九三四年に、この運動を率いたジョージ・W・ノリス上院議員は、労働者、農民集団および知事並びにその他の有力なネブラスカ州民を含めて多くの組織の支持を得ていた。他方で、前知事、二院制州議会の議員およびオマハ市の『ワールド・ヘラルド』紙によって先導された州内の新聞を含めて反対派も存在した。こうした中で、ノリスは見事に州憲法修正案をネブラスカの州民に飲ませることに成功したのである。

一院制州憲法を定めた住民発案による州憲法修正案は、賛成が二八万六、〇八六票、一方反対が一九万三、一五二票でノリスは勝利を収めた。州の公式統計書である『ネブラスカ・ブルーブック』によれば、全州九三の郡の中で八六の郡が州憲法修正案に多数票を投じ、反対派が多数を占めたのは九つの郡にすぎない(74)。

ノリスは運動期間中に三一の郡において演説を行い、その中の三つの郡のみが修正案を拒否した。また修正案に反対票を投じた九つの郡の中で、六つの郡はノリスが運動期間中に無視した郡であった(75)。

なお、この時期に、一院制州議会修正案とともに、秘密投票に付されたものがその他に二件あった。それは、競馬に金を賭けることを公認するものであり、他の一つは禁酒法を廃止することをうたったものである。競馬の賭け金提案は、賛成が二五万一、一一一票、反対が一八万七、四五五票であった。一方、禁酒法撤回の修正案は、賛成が三二万八、〇七四票、反対が二一万八、一〇七票であった。三一の郡が競馬の賭け金修正案を拒否し、二八の郡が禁酒法の撤回を拒否した。これに対して、一院制州議会修正案は九つの郡が拒否したにすぎない。この事実は、各々の修正案の賛成者が三つの全てに対抗して結束したという論議を否定するものである。ネブラスカ州の有権者は、三つの修正案に関してかなり慎重に考えて票を投じたことを示していたといえる(76)。

留意すべきは、ノリス自身が一院制州議会修正案を州民に説得するさいに、その他の手段も利用していることである。例えば、『ニューヨーク・タイムズ』に掲載された記事は、連邦議会の議事録に掲載され、それは連邦議会の事務官によって、四万部も印刷され、一九二三年と一九三四年の間に再印刷されて、何度もネブラスカ州民に配布されたといわれる。一九三四年二月二二日のノリスの演説も連邦議会の議事録に再印刷されて数千枚配布された。また、鉄道労働組合は、その週刊誌『レバー』の特別号にノリスの論文を掲載し、それは運動期間中、州内に満ちあふれていたという(77)。組織的な政治機関の利用という点でも、憲法修正派は反対派を一歩リードしていたのである。

ノリスが一院制州議会修正案の推進運動を展開したさいに、注目すべきは、第一に、その「忍耐力」である。それは、他の改革の場合にもいえることである。決して諦めないで、じっと時が熟するまで待つその「根気強さ」は脅威的でさえある。第二に、政治家であるから当然ともいえるが、「妥協」をいとわないその姿勢である。実際、ノリスはもし妥協が彼の計画を促進するものであれば、基本的な主張を阻害されない限り、進んで妥協をした。そして第三に、ノリスの「誠実な性格」である。その勇気と目的のための断固とした誠実さが、多くの人々の尊敬を集め、彼の敵でさえ、たとえその見解に賛成できなくても、彼自身を敬ったのである。

その意味で、フランクリン・ルーズベルト大統領が適切に指摘したように、ノリスは「米国の革新主義の理念をもった立派な騎士(Gentle Knight)であった」と、いってよいだろう(78)。

**【注】**

（1）ジョージ・W・ノリスについては、George W. Norris, *Fighting Liberal: The Autobiography of George Norris* (Macmillan, 1945) という自叙伝が出版されている。ノリスに関する伝記としては、Richad Lowitt の手になる *George W. Norris -The Making of a Progressive: 1861-1912* (Syracuse Univ. Press, 1963), *George W. Norris -The Persistence of a Progressive: 1913-1933* (Univ. of Illinois Press, 1971), *George W. Norris -The Triumph of a Progressive: 1933-1944* (Univ. of Illinois Press, 1978) の三巻が最も整備されて信頼できる。その他にノリスに関する伝記としては、Richard L. Neuberger and Stephen B. Kahn, *Integrity: The Life of George W. Norris* (The Vanguard Press, 1937), Alfred Lief, *Democraces Norris-The Biography of a Lonely Crusade* (Stakpole Sons, 1939) および Norman L. Zucker, *George W. Norris -Gentle Knight of American Democracy* (Univ. of Illinois Press, 1966) がある。

ノリスに関する研究は、現在では、一九三六年の上院選挙への立候補や一九四二年の落選の背景、またノリスの思想および演説内容の分析に見られるように、詳細かつ多岐にわたっている。前者の業績としては、Fredric L. Splittgerber, *The Independent of George Norris in the 1936 Nebraska Senatorial Contest*(unpublished Masters Thesis, 1963, Univ. of Omaha), Harl A. Dalstrom, "The Defeat of George W. Norris in 1942", in *Nebraska History* Vol.59, Nov.2(Summer. 1978)がある。後者の業績としては、David Fellman, "The Liberalism of Senator Norris", in *The American Political Science Review*, Vol.XL(Feb. 1946)および Winston H. Beaven, *A Critical Analysis and Appraisal of the Public Address of Seator George W. Norris*(unpublished Doctoral Dissertation, 1950, Univ. of Mishigan)などがある。

ノリスを革新主義者の立場からとらえているのは、前記の伝記史家のR・ロベットや最近では、Charlyne Berens, *Power to the People: Social Choice and the Populist. Progressive*(2004)である。一方、前掲の政治学者D・フルマンは英雄(Hheros)―リベラルストとしての視点からノリスを見ている。

（2）Phillip K. Tompkins, *George W. Norris's Persuastion in the Campaign for the Unicameral Legislature*(unpubulished Master Thesis, 1957, Univ. of Nebraska), p.6. なお、トプキンズの修士論文は、一九三四年のネブラスカ州におけるノリスの一院制議会推進運動を演説の内容を基に経緯を詳細に検討したものである。本章も後半の部分では、多くを同論文に負っている。

（3）Fellman, *op.cit.*, "The Libealism of Senator Norris, "pp.28-29.

（4）Claudius O. Johnson, "George William Norris", in J. T. Salter, ed., *The American Politician*(Chapel Hill, 1938), p.100. 本論文は、戦前に出版されたものであるものの、政治家ノリスの思想と行動を余すことなく伝えている。

（5）Norris, *op.cit.*, *Fighting Liberal*, p.3.

（6）Johnson, *op.cit.*, "George William Norris", pp.77-78.

父親を早く亡くしたノリスは、当然のことながら、母親から多くの影響を受けた。ノリスの母は、その家の唯一の本である聖書を日曜日の午後に子供たちを集めて一時間も読んでくれた。彼女はいかなる教会のメンバーでもなかった（ノリス自身も教会に所属しなかった）。

食物の木の種を蒔いていた時、ノリスは母親に次のように問うた。「何故お母さんは、それ程一生懸命に働くのですか。我が家には、たくさんの果実があるじゃないですか。貴方は、この木が実を生み出す前に生命が尽きるでしょう」。母親は「私は決してこの木が実を生みだすのを目にすることはできないでしょう。しかし、誰かがそれを見ることが出来るでしょう」と答えた。それは、辺境地帯の無私の精神であり、現在だけでなく、未来に通ずるものであった。ノリスは、後に自然資源の保存に関する連邦議会での戦いの中で、「母親の言葉が私の耳に焼き付いていた」と述懐している（Norris, *op.cit.*, *Fighting Liberal*, pp.18-19）。

（7）*Ibid.*, p.27.
（8）Johnson, *op.cit*, "George William Norris", p.78.
（9）*Ibid.*, p.79.
（10）Fellman, *op.cit.*, "The Liberalism of Senator Norris", p.32.
（11）Tompkins, *op.cit.*, *George W. Norris Persuasition in the Campaign for the Unicameral Legislature*, pp.6-7.
（12）Norris, *op.cit.*, *Fighting Liberal*, p.118.
（13）Johnson, *op.cit.*, "George William Norris", p.94.
（14）*Ibid.*, p.94.
（15）Norris, *op.cit.*, *Fighting Liberal*, p.x, xi.
（16）Johnson, *op.cit.*, "George William Norris", p.99.
（17）John F. Kennedy, *Profiles in Courage* (Pocket Books, Inc., 1957), p.163.
（18）Johnson, *op.cit.*, "George William Norris", p.103.

Ｆ・ルーズベルト大統領とノリスとの関係について述べておきたい。ルーズベルトはＴＡＶ計画について、一貫してノリスのアドバイスを求めている。ノリスはルーズベルトを批判した一方で、一九三二年および一九三六年の選挙でルーズベルトを支持している。

一九三六年、ノリスは七五歳という老齢のため引退を考えていた。しかし、ネブラスカの州民は四千人の請願書を集めてノリスが上院議員に立候補するよう指名した。

この時の選挙運動では、ルーズベルト大統領はネブラスカ州のオマハに乗り込み、ノリスとともに駅のプラットホームに並んで、次のような演説を行った。「ジョージ、ノリスの立候補は、州および党の路線を超越している。我が国の歴史において我々は彼のように、長年の知恵を蓄積した青年のような熱望を忘れない少数の年老いた政治家を有している。彼は米国の主要な予言者の一人である。歴史的な公務の仕事を続けるこの偉大な米国人を助けてほしい」(*Ibid.*, p.95)。

なお、ルーズベルトとノリスとの関係については、William E. Leuchtenburg, "Roosevelt, Norris and The Seven Little TVAs", in *The Journal of Politics*, Vol.14, No.3 (Aug, 1952), pp.418-441を参照。

(19) Norris, *op.cit.*, *Fighting Liberal*, p.xi.

(20) *Ibid.*

(21) Kennedy, *op.cit.*, *Profiles in Courage*, p.163.

連邦議会におけるノリスの親しい友人として、ウィスコンシン出身の上院議員ロバート・M・ラフレットやオレゴン州の上院議員のハリー・レネがいる。とくにラフレットは、鉄道、銀行および大企業に対する態度では共有するところが大で、その見解を参考にした。彼は議員生活も長く、その経験がノリスに教師として多くの影響を与えた。ただ、ラフレットは革新党の党首となるものの、ノリスのほうは政党の拘束を軽蔑していただけでなく、彼は人々がその判断と良心に基づいて押しつけようとしたあらゆるその他の拘束を軽蔑した。彼は、古い政党以上に新しい政党にも何ら信頼を寄せていなかった。

(22) Fellman, *op.cit.*, " The Liberalism of Senator Norris", p.33.

(23) *Ibid.*

(24) *Ibid.*, pp.33-34.
(25) *Ibid.*, p.34.
(26) *Ibid.*
(27) Norris, *op.cit.*, *Fighting Liberal*, p.326.
(28) Johnson, *op.cit.*, "George William Norris", p.92.
(29) Norris, *op.cit.*, *Fighting Liberal*, p.371.
(30) Johnson, *op.cit.*, "George William Norris", p.95.
　ネブラスカ州選出の下院議員で、「銀貨の無制限寿造」を唱えて民主党の大統領候補になり、後にウィルソン政権下で国務長官に就任したウイリアム・ジェニング・ブライアンとの関係について一瞥しておく。ブライアンは強力な政党人であった。彼はすべての選挙でノリスの選挙区に乗り込み、ノリスの対抗馬である民主党候補をその雄弁な演説でもって擁護した。そのため一九〇六年の選挙では、ノリスは二二票の寸差でようやく勝利したほどであった。しかし、ブライアンはノリスに対して当選を祝福し、自分は政治的便宜のため民主党候補を応援しているが、実際はノリスを好んでいると、告げたのである(Richard l. Neubrger and Stephen B. Kahn, *Integrity: The Life of George W. Norris*［Vanguard Press, 1937］, p.33)。
(31) Fellman, *op.cit.*, "The Liberalism of Senator Norris", p.43.
(32) *Ibid.*
(33) *Ibid.*, p.45. 全国的な経済政策の分野では、ノリスは高関税に反対し、私的独占企業、とくに「権力合同」を強く非難している。
(34) 一九一七年五月、ノリスは第一次世界大戦への米国の参戦に反対して、彼の親しい友人である八人の上院議員と立ち上がった。そして、ドイツの潜水艦に対抗して米国の船舶を武装することを是認する法律案に投票することを阻止すべく、議事妨害に出たのである。このため、ノリスはすべての「愛国者」によって激しく非難された。

（35） Norris, *op.cit.*, *Fighting Liberal*, p.190.
　ノリスは、とくに軍国主義の日本を痛烈に非難している。第一次世界大戦時の日本の領土的野望を警戒すると同時に、第二次世界大戦で敗れた日本に対して、完全かつ徹底的な武装解除を求め、軍事力の負担から自由になり、戦争犯罪人の処罰を提案している(*Ibid.*, pp.209-210)。ちなみに、ノリスは日本人について次のように言及している。「しかし、私は日本人の顔と態度を覆っている微笑と教養のある礼儀正しさが、友情を示すのかまたは単なる仮面なのかどうか全く知らない」(*Ibid.*, p.208)。
（36） Johnson, *op.cit.*, "George Willam Norris", p.102.
（37） Fellman, *op.cit.*, "The Liberalism of Senator Norris", pp.40-41.
（38） Jonson, *op.cit.*, "George William Norris", p.101.
（39） Fellman, *op.cit.*, "The Liberalism of Senator Norris", p.36.
（40） 「ビバー市に住んでいた時、私は州議会の候補者にならないかとファナス郡の共和党指導者から依頼された。しかし当時、私は検事としての仕事が忙しく、また州議員の歳費があまりに少なく生活が困難だと考えた」(Norris, *op.cit.*, *Fighting Liberal*, pp.344-345)。
（41） *Ibid.*, p.345.
（42） Robert F. Wesser, "George W. Norris: The Unicameral Legislature and the Progressive Ideal," in *Nebraska History* (Dec. 1964), pp.311-312.
（43） *The New York Times*, Jan. 28, 1923.
（44） *Ibid.*
（45） *Ibid.*
（46） *Ibid.*
（47） *Ibid.*

（48） *Ibid.*
（49） Tompkins, *op.cit.*, *George W. Norris's Persuasion in the Campaign for the Unicameral Legislature*, pp.25-26.
（50） *Ibid.*, p.12.
（51） *Ibid.*, pp.12-13.
（52） *Ibid*, p.13.
（53） ノリスは、その会合に八〇〇人の男女が州のあらゆる地域から出席して私を驚かせたと述べている(Norris, *op.cit.*, *Fighting Liberal*, p.345)。なお、集会の議長は、ノリスの古い友人で支持者でもあるジョンG・マハー(John G. Maher)大佐が務めた。
（54） *Ibid.*, p.346.
（55） *Ibid.*
（56） *Ibid.*
（57） Tompkins, *op.cit.*, *George W. Norris's Persuasion in the Campaign for the Unicameral Legislature*, p.28-35.
（58） *Ibid*, pp.30-31.
（59） *Ibid*, pp.15-16.
（60） Norris, *op.cit.*, *Figting Liberal*, p.349.
（61） Tompkins, *op.cit*, *Geoge W. Norris's Persuasion in the Campaign for the Unicameral Legislature*, p.50.
（62） *Ibid.*, p.50.
（63） *Ibid.*, p.49.
（64） *Ibid.*, p.72.
（65） *Ibid.*, p.52.
（66） *Ibid.*

(67) *Ibid*, pp.52-53.
(68) *Ibid*., p.54.
(69) *Ibid*., pp.60-61.
(70) *Ibid*., p.61.
(71) *Ibid*., p.84.
(72) *Ibid*., p.85.
(73) *Ibid*.
(74) *Nebraska Blue Book* (Nebraska Legislative Reference Bureau, 1934), pp.529-530.
(75) Tompkins, *op.cit*., *George W. Norris's Persuaston in the Campaign for the Unicamral Legislature*, p.78.
(76) *Ibid*., p.79.
(77) *Ibid*., p.80.
　多くのネブラスカ州民もノリスの運動を積極的に支持した。この中には、ネブラスカ大学の政治学教授ジョン・P・セニング(John P. Senning)がいる。セニングは修正案の起草を手助けし、彼自身も運動に参加し、修正案の採用にあたり、ノリスに大きな影響を与えている。ただし、セニングは、この運動がそれに先だつ二〇年間にわたった勢いの結果であったと、述べている(John P. Senning, *The One-House Legislature* [Mcgraw-Hill, 1937], p.80)。
(78) Robert F. Wesser, "George W. Norris: The Unicameral Legislature and the Progressive Ideal", in *Neberaska History* (Dec.1964), p.321. フェルマン教授は、一九四五年にアメリカ政治学会評論に寄せた論文の中で、ノリスを「幸福の追求とより豊かな生活を政治社会の基本目的としており、彼は米国の伝統において本物の英雄(Hero)の中の英雄(Hero)である」と評価している(Fellman, *op.cit*., "The Liberalism of Senator Norris", p.51)。

# 第四章　ネブラスカ州政治と「二〇〇六年中間選挙」

## 1　はじめに

二〇〇六年一一月七日、全米で一斉に中間選挙が行われた。中間選挙では、連邦上院議員の三分の一、連邦下院の全員、また改選期の各州の知事、州議会議員、市長などが選出される。

選挙の結果、連邦レベルでは、上院および下院で民主党が共和党を押えて過半数を制覇した。民主党は一九九四年以来一二年ぶりに、連邦議会で多数派の地位を占めることになった。また、州知事選挙でも、民主党は大きく前進した。そのため、任期の残りが二年となったブッシュ大統領は、厳しい政権運営を迫られることになった。

リンカーン市全景

一方、ネブラスカ州では、知事は共和党の現職のデビット・ヘイネマン(David Heineman)、そして連邦上院議員は民主党の現職ベンジャミン・ネルソン(Benjamin Nelson)が当選した。また、連邦下院議員は第一選挙区で、共和党の現職ジェフ・フォーテンベリー(Jeff Fortenberry)、第二選挙区で共和党現職のリー・テリー(Lee Terry)、そして第三選挙区で、これまた共和党の新人アドリン・スミス(Adrin Smith)が当選した。連邦レベルとは対照的にネブラスカ州における、中間選挙の結果は「現状維持」に終わったのである(1)。

連邦レベルの選挙と同時に実施されたネブラスカの州議会選挙では、改選期の議員二二名の選挙が行われた。州議会議員の任期は四年で、「非党派的選挙」によって選出される。選挙の結果、新しい議席配分は非改選と併せて、共和党系が三〇議席、民主党系が一四議席、無所属系三議席(二空席)となった。

今回の州議会選挙の特色は、女性議員が前議会の一二名から、九名へと後退したこと、また民主党系が進出して一一名当選したことである。なお、新しく当選した民主党系の議員の中に、ネブラスカ大学政治学教授のビル・アビリー(Bill Avery)がいた。ネブラスカ大学の教授が州議会議員に当選したのは、アビリーで二人目である。

越えて、二〇〇七年一月、第一〇〇州議会が召集され、三一歳の若いマイク・フロード(Mike Flood)が新しい議長に選出されて話題を呼んだ(2)。

本章の目的は、一九七〇年代から近年に至るネブラスカ州政治の動向を踏まえた上で、二〇〇六年一一月七日に実施された、ネブラスカ州の中間選挙の概要を報告するものである。

## 2　ネブラスカ州政治の動向

ネブラスカ州はもともと、歴史的に共和党が圧倒的に強い州として知られていた。そのため、民主党は、各種の選挙でなかなか議席を手にすることが出来なかった。共和党は一般に「保守的」であるといわれるものの、ネブラスカ州が位置する中西部の場合、「革新主義的ポピュリスト」の長い伝統があり、その影響をかなり受けている(3)。

一九七〇年、ネブラスカ州において、民主党の知事が当選し、それ以来、州の政治情勢は大きく変化したといってよい。民主党は、州経済の中心都市であるオマハ市、および州都が置かれ、ネブラスカ大学があるリンカーン市など「都市部」を中心に支持者が多い。一方、共和党は、州の多くの部分を占め、牛肉ととうもろこしを生産する牧畜地帯の「農村部」で支持層を固めている。

一九七〇年一一月に実施された中間選挙において、共和党の現職知事であるノバート・ティマン

(Norbert Tiemann)が、民主党のJ・ジェームズ・エクソン(J. James Exon)に僅差でもって破れた。投票行動の専門家によれば、多くの保守的な共和党員は党への忠誠心を変えなかったものの、今回はエクソンに投票を切り替えたと、分析していた。エクソンは、リンカーン市の実業家であり、民主党の活動家である。彼は、「財政保守主義」を強調することによって、伝統的な共和党員の支持を取りつけたのである。この選挙は、ネブラスカ州の民主党に新しい活力をもたらし、一九九〇年代へと続く民主党の一連の勝利を刺激することになった(4)。

一九七〇年まで、共和党はすべての州レベルの公職を保有していた。すなわち、二名の連邦上院議員、三名の連邦下院議員、正・副知事、州務長官、収入役、会計検査官および法務長官である。だが、一九七一年には、ネブラスカ州の政治地図は劇的に変化した。すなわち、民主党が二名の連邦上院議員、三名のうちの一名の連邦下院議員、正・副知事、会計検査官および収入役を獲得したのである。これらの勝利は印象的であった。というのも、この時期は共和党の登録者は常に、民主党の登録者を上回っていたからである(5)。

ネブラスカ州の一連の選挙における民主党の成功は、民主党が少数派である状況にもかかわらず、連邦、地方および個人運動の連携によってもたらされたものである。従って、その勝利を民主党の大きな業績達成のせいに帰することはできない。二〇世紀の最後の三〇年間、州知事と州議員は概して、政党提携とは関係なく、州政府のサービスを低下させずに増税を避ける方向を模索してきた。ジェームズ・エクソンは、知事を二期(一九七一―一九七九年)務めた後、連邦上院議員に転じた。知事職はその後、共和党のチャールズ・ソン(Charles Thone：一九七九―八三年)および民主党のロバート・ケリー(Robert Kerrey：一九八三―八七年)らによって継承されている。なお、ケリーもエクソンと同じく、後に連邦上院議員へ転出した(6)。

ソン知事は長くて顕著な政治経歴を有しており、知事の前はネブラスカ州第一選挙区から、四期連続して連邦下院議員を務めた。一方、ケリー知事は知事を引退した後の一九八八年以降、ネブラスカ州の連邦上院議員を務めた。彼は、ベトナム戦争で議会名誉勲章を得ており、企業の世界から政治の世界へと転身した。

一九八〇年代の後半に至り、州政府では未解決の問題が差し迫り、これを放置出来なくなっていた。一九七六年以降、州議会が最終的にネブラスカ州の財政構造を改訂した時、州議会は財産税に関して地方政府を弁済するために、数回にわたって「売り上げ所得税(sales and income tax)」の税率を増大させたのである。売り上げ所得税率の増大は、間接的には農村地域からの人口流出と結びついており、このような不公平で不適切な措置は、地方の学校区に対する州の援助計画を低下させることになった。また、高等教育の拡大・充実は、ネブラスカ州がその経済的基盤を拡大し、若者が他の州へと流出するのを防ぐことを望むとするなら、きわめて重要な課題であった(7)。

一九八六年に、ネブラスカ州民は主要政党では最初―米国史でも最初―の知事候補者として女性を指名したのである。共和党候補のケイ・オロ(Kay Orr)および民主党候補のヘレン・ボーサリズ(Helen Boosalis)はともに、強力で能力があり、そして経験を積んだ女性候補者であった。有権者登録では、共和党が民主党を大きくまさっていたこともあって、ケイ・オロが知事に当選した(8)。

オロは一九八一年に州の収入役に指名され、一九八二年にその職に選出された。彼女は知事の時代、とくに州の高等教育の向上に熱心であった。

オロ知事は、選挙中から増税をしないと公約していた。そのため、州の難しい問題に対しても保守的な解決策を提案し、また、州議会もオロ知事の指導に応じて積極的に対応した。しかしオロ知事は、一九八七年に大きな難問に直面した。オマハ市に本社がある複合企業のコナグラ(ConAgra)は、州議会が企業に有利なように州の所得税法を改訂しないなら、テネシー州に新しい本社を設けてネブラスカ州から撤退する、と発表したからである。ネブラスカ州は、企業税と個人税の税負担では五〇州の中でも低いほうであった。州議会はオロ知事の要請に応じて、企業に対する実質的な減税を規定した法律案を二対一の割合の票差で可決したのである。この法律にはまた、ネブラスカ州への大きな投資に関する信用貸し付け、特定の財産および設備に関する控除、並びに州内での事業所得に関する課税基準の制限も含まれていた。その他に成立した法律の中には、最高所得者への個人所得税の減税が含まれていた(9)。

一九九八年の選挙を迎える頃に、ネブラスカ州の有権者の大多数は、増税を促進したのがオロ知事であって、州議会ではなかったことを確信するに至った。知事選挙では、オロはオマハ市の弁護士で保険会社の会長である、民主党のベンジャミン・ネルソン(Benjamin Nelson)に僅差で再選を阻まれたのである。二〇年前のノバート・ティマンの時と同様に、オロは共和党の支持層を結束することができず、敗退を喫したのである(10)。

ネルソンは州知事を二期(一九九一－九九年)務めた。ネルソンは、共和党が民主党に対して有権者登録の数ではまさっていることをよく知っていた。そこで、ネルソンは州憲法上の権限を慎重にかつ用心して、常に注意深く行使した。幸いなことに、ネルソンは危険をまったく侵すこともなく、税率を増大させずに州政府を拡大出来る有利な経済的条件に恵まれていた。かくして、州議会はネルソン政権時代に入って、売り上げ税と財産税を下げたにもかかわらず、州の歳入は減少しなかった。その間に、ネルソン知事は税負担の大きな割合を高収入者に転換することで、中産階級の納税者を援助する所得税の切り下げを巧みに進めたのである。ネルソンはまた、農村地域の発展を強調し、そして州に多くの新しい企業を誘致するために努力した。州知事の任期は州憲法で二期と定められており、そこでネルソンは二〇〇〇年に連邦上院議員に転出したのである(11)。

一九九八年に、共和党はリンカーン市長として実績をあげていた、マイク・ジョハンズ(Mike Johanns)を州知事に擁立し、激しい選挙戦の末に民主党候補に勝利した。ジョハンズは選挙運動期間中、次の点を約束した。すなわち、小さな政府、財産税の軽減および経済的発展である。しかしながら、この選挙後間もなくして、ネブラスカ州の経済的条件が悪化し、そのためジョハンズ知事は州の歳入不足に直面することになった。このことは、一院制州議会にしばしば「論争」をもたらした。何故なら、州議会の大多数の議員は、州の歳出削減を望んでいなかったからである。こうした状況の中で州当局は、州議会が州予算の均衡のために税を増大する様々な法律を制定したので、大きな歳出削減に順応しなければならなかった。これと同様の問題は、二〇〇二年に再選されたジョハンズ知事の第二期を通じて存続したといってよい(12)。

その後二〇〇五年一月、ジョハンズはブッシュ政権第二期の農務長官として政権入りした。知事職は副知事であった、デビット・ヘイネマンに引き継がれた。ヘイネマンはネブラスカ州のファール郡出身で、一九九五年から二〇〇一年まで州の収入役を務めていた。ヘイネマン知事は、後述するように、二〇〇六年には圧倒的票差で再選され、現在二期目に入っている(13)。

# 3　二〇〇六年の中間選挙

## (1)　連邦上院議員選挙

二〇〇六年の中間選挙において、ネブラスカ州選出の連邦上院議員はすでに述べたように、民主党現職であるベンジャミン・ネルソンが民主党候補のペテ・リケッツ(Pet Rickets)を六四%対三六%の割合で、すなわち、三七万一、三三四票対二一万八二六票という圧倒的票差でもって破り、二期目を手にした(14)。

連邦上院議員選挙は、州全域の有権者を対象としている。そのため勢い候補者は、大票田地域を中心としたマスメディアをふるに利用した選挙運動に頼るざるを得ない。ネブラスカ州の人口は、二〇〇四年現在、一七四万七、二一四人で、州の東部地域にあるオマハ市が四一万人、リンカーン市が二二万五千人で半数弱に近い人口を占めている。一方、西部地域はベルブ市が四万五千人、グランド・

図1　連邦議会選挙区

アイランド市が四万二千人そしてケアニィ市が二万七千人の人口を抱えている。両候補は基本的な政策では相違はなかった。そこで両候補はテレビ、新聞などのマスメディアを利用し、多くの資金を選挙運動につぎ込み、「金権選挙」を展開したのである(15)。

選挙の結果は、ネルソンがネブラスカ州の九三郡のうち八〇郡を制覇して、共和党の挑戦者を退けた。ネルソンはリケッツに対して、州全体では一六万一、〇〇〇票の差で勝利した。州内で最大の人口を擁するオマハ市を含むダグラス郡では、四万三、〇〇〇票の差を、そして州内第二の人口を抱えるリンカーン市を含むランチャスター郡では三万五、〇〇〇票の票差＝二対一の割合で楽勝したのである(16)。

晴れて二期目の連邦上院議員の席を確保したネルソンは、一九四一年五月一七日生まれで、現在六五歳。ネブラスカ州のマコーク出身で、一九六三年にネブラスカ大学で哲学の学士を、一九六六年同大学で哲学の修士号を、そして一九七〇年には法学博士号を得た。一九八〇年に結婚し、四人の子供がいる。宗派はメソジストである。現在、保険法規に詳しい弁護士として、保険会社センター・ナショナルの会長を務めている(17)。

連邦議会では、ネルソン自身は民主党の「中道派(Centrist)」と称しているものの、しかし実際には、保守的信条を有し共和党に近い。図表①は、二〇〇一年から二〇〇四年における連邦議会でのネルソンの投票行動を示したものである。連邦上院議員として投票にさいして、ネルソンはその半数近くを民主党とともに投票している。しかし他方で、その他の民主党議員以上に共和党のブッシュ大統領を支持していることがわかる。

**図表①　CQ投票研究**

| 年度 | 政党連合 | | 大統領支持 | |
|---|---|---|---|---|
| 二〇〇四 | 五二％(支持) | 四八％(不支持) | 八二％(支持) | 一八％(不支持) |
| 二〇〇三 | 五七％ | 四三％ | 八〇％ | 二〇％ |
| 二〇〇二 | 五一％ | 四九％ | 九一％ | 九％ |
| 二〇〇一 | 五八％ | 四二％ | 七四％ | 二五％ |

(出典：*CQs Politics in America 2006-The 109th Congress* [2006], p.618)

実際、ネルソンは政党路線に常に逆らっているとさえいえる。例えば、二〇〇四年には、彼は共和党の多数派を支持して民主党には五二％しか投票せず、他方では、民主党に逆らってブッシュには八二％も賛成票を投じているのである。

その背景にあるのは、ネブラスカ州民の多数が強力な保守的階層と無党派層で占められている、というネルソン自身の認識がある(18)。ただ、ネブラスカ州民＝地元選挙区民の利益と考えられる法律案には、民主党と連立を組んでいる。

第一一〇連邦議会では、二〇〇六年の選挙における民主党と共和党の議席逆転を踏まえて、民主党が多数派となり、委員長席はすべて民主党が独占することになった。ネルソンは農業委員会、軍事委員会および通商委員会のいずれかの委員長になる可能性が高い。彼はブッシュ大統領とも近いことから、連邦議会での彼の地位を強まることはあっても、弱まることはないと思われる(19)。

## (2)　連邦下院議員選挙

ネブラスカ州は現在、連邦議会に三名の下院議員を送っている。

まず、第一選挙区では、現職一期目の共和党候補者であるジェフ・フォテンベリーが民主党の候補者で元副知事のマックイネ・モウル(Maxine Moul)を五八％対四二％の割合で、すなわち、九万三、八九七票対六万七、七〇〇票と二万六、一九七票の差をつけて退けて、第二期目を手に入れた(20)。

みごとに勝利を得たフォテンベリーは、自分の選挙陣営が効率的で組織化され、かつ果敢な選挙運動を展開したことが勝利に結びついた、と語った。選挙戦では、フォテンベリーは世論調査でも一貫してモウルをリードし、多くの有権者は、フォテンベリーの勝利を断言していた。第一選挙区からは、この四二年間民主党は下院議員を当選させていなかった。

フォテンベリーは一九六〇年一二月二七日、ルイジアナ州のバトン・ルージュに生まれた。現在四六歳で、リンカーン市議会議員を一期務めて、連邦下院議員となった。一九八二年、ルイジアナ州立大学(経済学)を卒業して、ジョージ・タウン大学とステンベルのフランスカン大学で修士号を獲得した。企業人で一九九五年に結婚し、四人の子供がいる。宗派は、ローマ・カトリックである(21)。

フォテンベリーは選挙戦では、ネブラスカ州が新しい燃料の開発に投資を行い、小企業を支持し、そして国家の安全を維持することを強調した。また断固として、妊娠中絶合法化に反対の意思を表明したのである

一方、モウルはイラク戦争、財政保守主義を要求する共和党が蓄積した巨額の赤字に焦点をあてて、有権者に妊娠中絶の選択を表明し、共和党幹部が関与している疑獄事件とフォテンベリーを結びつけようとした(22)。モウルは選挙戦の後半に至り、フォテンベリーに急迫したものの、最終的には最大の票田であるリンカーン市でも五、四〇〇票の差をつけられ、獲得した郡は二四郡の中で出身地のブート郡のみに終わったのである(23)。

フォテンベリーは、連邦議会では特にイラクとアフガニスタンの「民主化」に関心を抱いており、同地域に「西側スタイルの民主主義」を導入すべきだと、強く主張するなど、共和党内部でも「超保守派」として知られている(24)。

第一選挙区は、オマハ市とその郊外を除いたネブラスカ州東部の地域である。同選挙区は、州都のリンカーン市とネブラスカ大学のリンカーン校を抱えている。その周辺は、農業地帯の田舎の小さな町という世評にもかかわらず、リンカーン市、ノオフォーク市およびサウス・ソックス市の拡大する産業は、

州の東部の都市利益との結びつきを強めている。特に、リンカーン市は近年拡大する州・市政府によって発展しており、大きな病院、銀行、保険会社が市の経済を支えている。

第一選挙区は、W・J・ブライアンとその支持者のポピュリストの中心地であった。だが、現在では一貫して強力な共和党の政治的基盤となっている。リンカーン市のネブラスカ大学のキャンパス周辺は、市の中でも最も「リベラル」な地域である。しかしながら、有権者登録では、同市の周辺とその郡は共和党員が多数を占めている。民主党の支持者が多い地域は北部のダカタ郡で、そこはオマハ市の郊外にあたり、ブルーカラーの労働者が多い(25)。

第二選挙区は、共和党現職で現在四期目のリー・テリーが民主党のジム・エスチ(Jim Esch)を五五%対四五%という割合で、すなわち、九万六、九四五票対七万九、六五八票と一万七、二八七票差で下して、第五期目を楽々と手にした(26)。

テリーはオマハ生まれで、オマハ市議会議員も務めた純然たる「オマハ子」である。それだけに、有権者の支持基盤は安定しているといってよい。テリーは、オマハの選挙区民をどうしたら喜ばせるかをよく知っている「堅固な保守主義者」である。彼は過去三回、二五%以上の大きな票差でもって再選されてきた。また、連邦議会の投票でも共和党とブッシュ大統領を一貫して強力に支持してきたといえる(27)。

テリーはすでに述べたように、一九六二年一月二九日、オマハ市に生まれた。ネブラスカ大学で政治学の修士号を、そしてクライグトン大学で法学博士号を取得した。検事となった後、オマハ市議会議員となり、その議長を務めた。そして、一九九八年、連邦下院議員に当選した。一九九二年に結婚し、現在三人の子供がいる。宗派はメソジストである(28)。

第二選挙区の中心はオマハ市である。州内で最も多くの人口を有する経済都市であるオマハは、ユニオン・パシック鉄道の起点であり、鉄道の起点駅として栄えブルーカラーの都市として発展した。しかし、近年では、オマハは主としてダウンタウンに大企業のビルディングが乱立し、農業関連の企業および保険企業のホワイトカラーの都市となっている。

二〇〇〇年の国政調査の結果、カス郡の一部とシャプー郡の多くが第一選挙区に再区画され、現在では第一選挙区は、オマハ市のダグラス郡と東シャプー郡から構成されている。

この選挙区の有権者は一貫して、共和党に投票してきた。だが、オマハのブルーカラー階層は以前から、民主党支持者であり、従って民主党が州レベルで勝利するには、市の南部地区の支持を欠かせないという。第二選挙区は常に、妊娠中絶には反対であった。「社会的保守主義」は、穏健なヨーロッパの移民によって支持されているという。ダグラス郡はこれまで確実に共和党候補に投票しており、共和党の大統領を強力に支持してきた。オマハはまた一方で、州の増大する黒人人口の四分の三を占めている。彼らはもちろん民主党を支持している(29)。

第三選挙区は、下院議員三期目を務めたトム・オズボーン(Tom Osborne)が州知事選挙に出馬するため引退した。そこで今年の一月、共和党の後継者として新人のアドリアン・スミス(Adrian Smith)を擁立した。一方、民主党も新人のスコット・クリーブ(Scott Kleeb)を擁立し、新人同士の対決となった。選挙結果は、保守的な政策を掲げたスミスがクリーブを五五%対四五%の割合で、すなわち、一一万四、一六八票対

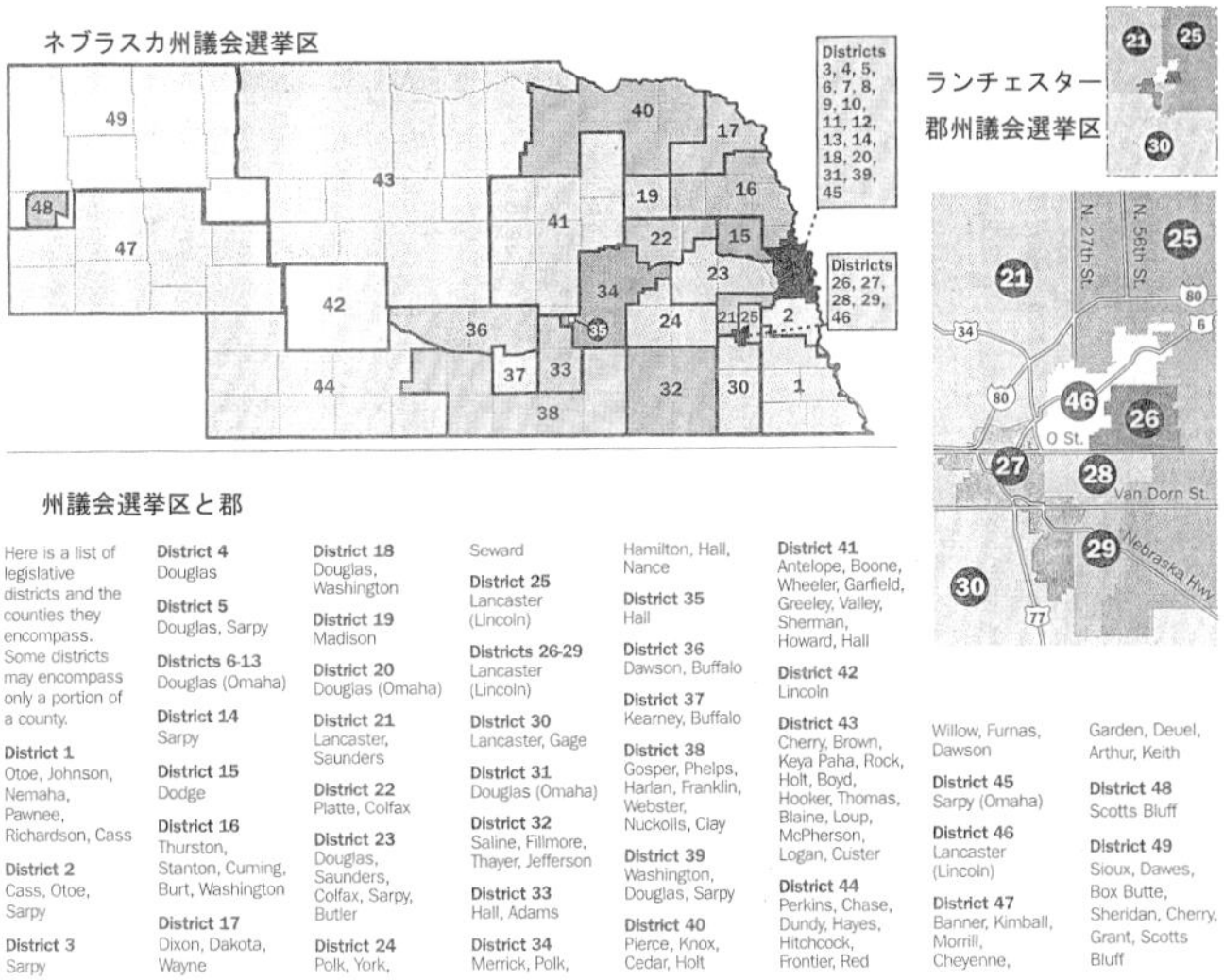


**図2　州議会選挙区**

九万四、七七一票と一万〇、三七七票差をつけて勝利した。ネブラスカ州の有権者は、一区、二区に続いて、三区でも共和党の議員を連邦議会に送ることになったのである(30)。

選挙戦では、共和党の幹部は下院での多数派を維持するために、ブッシュ大統領をはじめ、チェイニー副大統領、ハスラー下院議長を注ぎ込み、必死の応援体制をしいた。世論調査では、当初民主党のクリーブがリードしていたからである。しかし、もともと保守的な支持層の多い西部地域の第三区の有権者は、最終的には「保守的なネブラスカ人」と称する共和党のスミスを選んだのである(31)。

スミスは現在三一歳で、州議員を二期務めて、今回連邦下院議員の席を手にしたわけである。彼はネブラスカ州西部の出身で、牧場主でもある。妻と二人の子供がいる。

第三選挙区は、州内でも最も貧しい地域であり、ほとんどが乾燥地帯である。グランド・アイランド市、ノース・プラト市およびスコット・ブルフ市が同地域の中心で、コロンバス、ハスティング、ケアニーの周辺にいくつか工場があるものの、その他の大部分は牛肉、砂糖キビおよび小麦を生産する農村地帯である。

第三選挙区は、一九九二年の選挙でロス・ペローに最大の票を投じて驚かせた。しかし、住民の大多数は保守的信条を持ち、共和党の強力な支持基盤となっている。同地域が孤立していることもあって、大多数の有権者は州政府の介入には反対であり、また、第一および第二選挙区が州政治を支配していると反発している(32)。

### (3)　州知事選挙

州知事もネブラスカ州全域の有権者を相手に戦わねばならないという意味で、連邦上院議員と同じ条件にある。今回の知事選挙では、共和党の現職デビット・ヘイネマンがその他の三人の候補者を大きく引き離して、二期目の当選を早々と決めた(33)。

ヘイネマンは投票者の七四％を、すなわち、四三万〇、五七八票を獲得して、デビット・ハン(David Hahn)の一四万一、〇九一票＝二四％、バーリー・リチャード(Barry Richard)の八、七二二票＝一％、モート・シュルバン(Mort Sullvan)の三、六六四票＝一％をくだした。ヘイネマンは前回の選挙でも三三万、〇三四五票と投票者の六八・七％を獲得しており、今回は、それに上積みする形で、二位のハン候補を二八万九、四八七票も引き離しての堂々たる「大勝利」であったといえる(34)。

ヘイネマンは、選挙戦では雇用の増大、税改革、州政府の改革および州の教育制度の改革を訴え、州民の多くの支持を得たのである。ヘイネマンの勝利は、この二年間の間に州の経済を立て直し、「財政保守主義」の立場から、時には州議会との対決も辞さないという強力な指導力が効を奏し、多くの州民の支持に結びついたものと思われる(35)。

ヘイネマンは一九四五年五月一二日、ネブラスカ州のファルズ郡に生まれて現在、六一歳。陸軍士官学校を出て、一九七〇年から七五年まで陸軍に勤務した。その後、フィアモント市議員、州の収入役そして州知事と経験を積んで、二〇〇二年の州知事に当選した、「たたき上げ」である。妻との間に子供は一人、宗派は、東方正教会である(36)。

## （4）州議会選挙

ネブラスカ州議会選挙では、改選期にあたる二二名の議員の選出が行われた。新しく選出された州議員の特色は、圧倒的に白人の男性が多く、女性議員は少なく三名であり、また弁護士が多かった(37)。

新しい州議会の構成は、すでに述べたように、共和党系が三〇名、民主党系が一四名、無所属系が三名となった(空席二)。内訳は、男性議員が三八名、そして女性議員が九名であった。なお、弁護士出身の議員は七名となった。

今回我々の注目を引いたのは、ネブラスカ大学教授のビル・アビリー(Bill Avery)が州議員に当選したことである。アビリー教授は、筆者の在外研究先のスタッフであり、オールド・ファーザービル内の研究室は同じ五階フロアーの三つ隣である。

アビリー教授は、政治学科では一九七四年以来国際関係論を担当していた。現在六四歳で、長らく民主党の全国委員会の仕事を担当し現実問題に関心が深く、二〇〇四年の大統領選挙では民主党の候補となった、ケリーの選挙公約の作成も手伝っている(38)。

今回の選挙では、アビリー教授は第二八選挙区から出馬して五、二〇五票(五七%)を獲得して、対立候補のボブ・スワンソン(Bob Swanson)の三、九五三票(四三%)をくだして勝利した(39)。

今回の選挙戦について、アビリー議員は次のように語った。「それは、厳しい仕事であった。それは有能な住民のおかげであった。われわれは、重要であったと考えた視点を決して失ってはならない。われわれは、われわれの主張をさらってしまうような不愉快な人を認めなかった」(40)。

周知のように、一院制州議会は非党派的選挙で選出され、政党との提携は表向き存在しない。しかし、実際には、州の多くの公職は政党ラベルで立候補し、そして選出されている。その意味で、州議員も政党色を完全に払拭しているわけではないといえる。事実、アビリー議員は民主党系であって、選挙公約は「リベラル」そのものである。アビリー議員はネブラスカ大学リンカーン校がある地域の第二八選挙区から当選した。当然、彼は大学の利益を代表するものと思われているし、本人もそれを必ずしも否定していない。なお、州憲法は州公務員の兼職を禁止しているので、アビリー議員は大学教授職を辞任した(41)。

以上において、二〇〇六年のネブラスカ州の中間選挙を概観してきた。連邦レベルにおいては、民主党が多数派を奪回したのに対して、ネブラスカ州では「現状維持」の結果に終わった。その理由は、一言でいえば、経済状況が比較的好調で、とりあえず現職議員に政治を委ねておこうという、「経済的保守主義」の現れであると思われる。また、今回議席を守った連邦上院議員のネルソンにしても、共和党から出馬しても何ら不思議でないような保守的思想と行動の持ち主であった。ネブラスカ州では、都市部や大学周辺を中心に「リベラル」な民主党支持者が見られるものの、その他の多くの農村地域は圧倒的に保守的で、共和党の強力な支持基盤となっている。従って、共和党政権ないし共和党の議員が何か大きな不始末を起こすか、景気が悪化し、州民の大きな不満が生じない限り、民主党が再び多数派を獲得するのは、なかなか難しいというのが筆者の率直な意見である。

## 6　おわりに

二〇〇七年一月、第一〇〇回州議会が召集された。一月六日の本会議で新しい議長に三一歳という若く、かつ委員会の委員長も経験したことのないマイク・フロードが選出された(42)。

フレードは現在二期目で、弁護士、ラジオのキャスターを経て、二〇〇四年に州議員に当選した。州議会では、多数派である「共和党系」である。選挙区は、第一九選挙区で州の北東部の農村地帯である。フレード新議長は、単に議会内をとりまとめるだけではなく、州知事との関係にも留意をしなければならず、今後難しい役割をこなさなくてはいけない。

最後に日本とネブラスカ州との関係を一言述べて、本論を閉じることにしょう。

昨年一一月の選挙が終わった後の二六日から一二月二日にかけて、州の副知事は総勢二八名の企業家、農業代表者および州の経済局の職員を引き連れて貿易使節団を組んだ。使節団は、ネブラスカ州の牛肉およびとうもろこしの売り込み宣伝のために日本各地を回った。その結果は上々であったと聞く。そして、二〇〇七年一月からは、東京の新宿区にネブラスカ州政府の事務所を開設して、日本とネブラスカ州の経済的交流に務めている。

なお、ネブラスカ大学には、現在一〇〇名余りの日本人が留学しており、今後日本とネブラスカ州との結びつきは一層強まるものと思われる。ちなみに、専修大学はネブラスカ大学と友好提携校にあり、多くの学生を送るとともに、ネブラスカ州大学の多くの学生を引き受けて、日本と米国のネブラスカ州との親密な関係を発展させている。

## 【注】

（1） *Lincoln Journal Star*, Nov.9, 2006, 1A, 2A.

（2） *Ibid*, Ja.7, 2007, 1A.

（3） 拙稿「アメリカ州議会の一院制—ネブラスカ州の試み—」『国会の再生』(東信堂、一九八九年)、一六一頁。

（4） "Nebraska Politics, 1970-2005", in Frederick C. Luebke, *An Illustrated History-Nebraska* (Univ.of Nebraska Press, 2005), p.373.

（5） *Ibid.*

二〇〇五年現在、党別の有権者登録は、共和党が五〇%、民主党が三四%、そして無所属が一五%という割合となっている(*Nebraska Blue Book*, 2004-05［*Clerk of the Legislature Room*, 2006］, p.613)。

（6） Luebke, *op.cit.*, "Nebraska Politics, 1970-2005", pp.373-374.

（7） *Ibid.*, p.374.

（8） *Ibid.*

（9） *Ibid.*

（10） *Ibid.*, p.375.

（11） *Ibid.*

（12） 州の予算問題をめぐる知事側と議会側との対立とその経過については、さしあたり、拙稿「ネブラスカ州の一院制議会」第五節、州議会と州知事との対立(『専修大学法学論叢』［第一〇〇記念号、二〇〇七年七月］)を参照されたい。

（13） Luebke, *op.cit.*, "Nebraska Politics, 1970-2005", p.375.

（14） *Lincoln Journal Star*, Nov.9, 2006, 1A, 2A. ネブラスカ州選出の非改選のもう一人の連邦上院議員は、共和党のチュウク・ハーゲル(Chuck Hagel)が占めている。

（15） *Daily Nebraskan*, Nov.8, p.1.

ネルソンは支持者からの分だけで七二万ドルの献金を集め、また多額の自己資金をつぎ込んだ。一方、リケッツは、一三〇万ドルを選挙運動につぎ込んだという。その大部分はテレビに利用され、「ネガティブ・キャンペーン」を展開した。ネルソンは、リケッツに対して選挙資金でも優位に立っていたといわれる。

（16） *Ibid.* ネルソン自身は勝因として、州知事の二期の時代および上院議員六年の「実績」が有権者に評価されたのであろう、と述べている。
（17） *op.cit.*, p.89.
（18） *CQs Politics in America 2006-The 109th Congress* (2006), p.617.
（19） *Lincoln Journal Star*, Nov.9, 2006, 2A.
（20） *Daily Nebraskan*, Nov.8, 2007, p.5.
（21） *op.cit.*, *Nebraska Blue Book*, 2004-05, p.90.
（22） *Lincoln Journal Star*, Nov.9, 2006, 9A.
（23） *Ibid.*
（24） *op.cit.*, *CQs Politics in America*, 2006, p.619.
（25） *Ibid.*
（26） *Lincoln Journal Star*, Nov. 2006, 9A.
（27） *op.cit.*, *CQs Politics in America*, 2006, p.620.
（28） *op.cit.*, *Nebraska Blue Book*, 2004-05, p.90.
（29） *op.cit.*, *CQs Politics in America*, 2006, p.621.
（30） *Lincoln Journal Star*, Nov.2006, 9A.
（31） *Daily Nebraskan*, Nov.8, 2006, p.1, 5.
（32） *op.cit.*, *CQs Politics in America*, 2006, p.623.
（33） *Daily Nebraskan*, Nov.8, 2006, p.1.
（34） *Lincoln Journal Star*, Nov.9, 2006, 9A.
（35） *Ibid.*

(36) *op.cit., CQs Politics in America*, 2006, p.613.
(37) *Lincoln Journal Star*, Nov.9, 2006, B1.
(38) 二〇〇七年三月五日、アビリー議員の事務所でのインタビュー。州議員の歳費は年一万二、〇〇〇ドルと薄給であり、二名の秘書がついている。アビリー議員は、教育委員会と政府・軍事および退役軍人委員会に所属した。
(39) *Lincoln Journal Star*, Nov.9, 2006, 5B.
(40) *Ibid.*
(41) 大学の幹部は表面的には同議員との結びつきを否定し、今回の出馬はアビリー教授の個人の意思であったと述べている(*Daily Nebraskan*, Nov.9, 2006, p.1, 5)。
(42) *Lincoln Journal Star*, Jan.7, 1A. ネブラスカ州議会では、一九四三年にフレードよりも一ヵ月若いボブ・クロスビー(Bob Crosby)を議長に選出している。

# あとがき

本書は、専修大学の平成一八年度在外研究の成果である。筆者は平成一八年四月一日から平成一九年三月三一日までの一年間、ネブラスカ州の首都リンカーン市にある、ネブラスカ大学の政治学科で研究する機会を与えられた。研究テーマは、「ジョージ・ノリスとネブラスカ州の一院制議会」である。本書は、第一章を除けば、その他の三章はすべて書き下ろしである。

ネブラスカ大学では、きわめて快適な環境のもとで研究に専念できたことは幸いであった。ネブラスカ州の一院制議会については、すでに二〇年ほど前に一度調べたことがあり、今回、直接現地におもむきこうした形でまとめることができたのは、すべて在外研究制度のおかげであるといえる。

ところで筆者はかねてより、米国の「郊外」地区で生活したいと考えていた。今回、実際にリンカーン市の郊外に住んでみて、米国の社会資本の充実ぶりを目にすることができた。郊外は十分に整備されていて、安全で、かつきれいで、米国における「中産階級」の生活の一端にふれることが出来たような気がする。また、米国といえば、筆者の場合、常にニューヨーク、ボストンなどの「東北部」、それに筆者の研究テーマであった「南部」やワシントンD・Cが主要な訪問先であった。しかし今回、米国の中心である「中西部」にはじめて足を踏み入れることで、平均的米国人と接することができたと思っている。それは、きわめて貴重な経験であった。

在外研究中には、いろいろな方にお世話になった。まず、リンカーン市に住むにあたってアドバイスしていただいた、ハーペンデング夫妻、筆者が尿管結石で病院にかかったさいにお世話になったナイマン夫妻、筆者の妻の英会話教師のオデール夫妻、車で大学まで送り迎えをしてくれた専修大学博士課程の末次俊之君とその友人でネブラスカ大学の博士課程のクルス・バーク君。八月の猛暑に陣中見舞いをいただいた専修大学経営学部の竹村憲郎教授。またネブラスカ大学に留学中の小岩井航助君には、インタビューの通訳や資料の収集で助けていただいた。皆さんに改めて感謝したい。

最後に、筆者は在外研究中に弟を亡くした。まだ五八歳という若さであった。本書を亡き弟喜美夫にささげたい。

本書は、東信堂より「現代臨床政治学シリーズ」の一巻として公刊することになった。編集部の松井哲郎さんには大変お世話をかけた。この場を借りて謝意を申しあげたい。

ネブラスカ州リンカーン市にて

平成一九年三月三一日

藤本　一美

【著者略歴】

藤本　一美（ふじもと・かずみ）

1944年　青森県に生まれる。
1971年　明治大学大学院政治経済学研究科博士課程修了

現　　在　専修大学法学部教授
専　　攻　政治学、米国政治
主要業績　『米国政治のダイナミックス（上）（下）』（大空社、2006, 7年）
住　　所　〒279-0012　浦安市入船2-5-301
　　　　　TEL　047-350-5031
　　　　　E-mail　thj0520@isc.senshu-u.ac.jp

【現代臨床政治学シリーズ４】

ネブラスカ州における一院制議会

2007年10月10日　初　版　第1刷発行　（検印省略）

＊定価はカバーに表示してあります

著者©藤本一美／発行者 下田勝司　印刷・製本 中央精版印刷

東京都文京区向丘1-20-6　郵便振替00110-6-37828
〒113-0023　TEL（03）3818-5521（代）　FAX（03）3818-5514

発行所 株式会社 東信堂

E-mail : tk203444@fsinet.or.jp
Published by TOSHINDO PUBLISHING CO., LTD.
1-20-6, Mukougaoka, Bunkyo-ku, Tokyo, 113-0023 Japan
http://www.toshindo.com/

ISBN978-4-88713-779-0　C3031　